令和6年度介護報酬改定対応版

# ケアプランパーフェクトガイド

第2版

阿部充宏

運営基準・介護報酬とケアマネジャーの「すべきこと」「してはならないこと」

中央法規

# はじめに

　2024（令和6）年4月、介護報酬の改定が行われました。その時期に合わせて、本書を【改訂】できたことに感謝します。初めて手にとっていただいた方もいると思いますので、本書を作成した目的を改めて共有させてください。

① 　ケアマネジメントプロセスの1つひとつがすべて重要であるのと同様、「ケアプラン」も当然ながら重要です。私が仕事を通じてかかわらせてもらった数多くのケアマネジャーは、運営基準にせよ、ケアプランに関するルールにせよ、理解度は非常に高いと思います（数字で表現すると肌感覚ですが80％ほどでしょうか）。

② 　一方で、残りの20％が曖昧であることがあり、結果的に、「言い切ることができない」「確信をもつことができない」というリアルを目にします。

③ 　その曖昧な「20％」をともに確認していくために本書を作成しました。20％の「曖昧さ」を明確にしていくことで、ケアマネジャーがこれまで以上に自信をもって利用者支援にのぞむことができますように。これまで以上にケアマネジャーという役割を全うできますように。そして、ケアマネジャーという仕事に就いてよかったと思えますように……。

　最後になりますが、ケアマネジメントも「チーム」が大事。本づくりも「チーム」が大事。今回もそのことを強く実感。特に、中央法規出版の小宮さんとは三冊目の協働、本当に忖度なくパートナーとして最高のアシストをしていただきました。そして、手に取ってくれた専門家の皆さんありがとうございます。

　この本は、たくさんの「ありがとう」でできています。

2024年6月

介護の未来
代表　阿部　充宏

# 令和6年度介護報酬改定
# 最も注目すべきポイントはここ

## 介護支援専門員1人あたりの取扱い件数の見直し

| 旧 | 新 |
|---|---|
| 利用者の数が 35 またはその端数を増すごとに 1 | 利用者の数（介護予防支援事業者の指定を受けている、または地域包括支援センターから委託を受けている場合は、介護予防支援の利用者の数に 3 分の 1 をかけた数を加えた数）が 44 またはその端数を増すごとに 1 |

注：ケアプランデータ連携システムを活用し、かつ、事務職員を配置している場合は、要介護者の数に、要支援者の数に 3 分の 1 を乗じた数を加えた数が 49 またはその端数を増すごとに 1

令和 6 年度介護報酬改定において、介護支援専門員 1 人あたりの取扱い件数が引き上げられました。これは、令和 6 年度改定の注目すべきポイントです。

取扱い件数の引き上げを評価する向きもあるようですが、一方で懸念もあります。その懸念とは、簡単にいえば、「44 件まで新規利用者の依頼については、正当な理由なしに断ることはできない」というものです。介護支援専門員の配置（利用者の数が 44 またはその端数を増すごとに 1）は運営基準に定められている事項です。

したがって、例えば、「今月は新規の利用申込が多いから」「重度の利用者の担当が多いから」「ケアマネジャーとして経験が浅く自信がないから」という理由で断ることをよしとはされないということです。

結果的に、事業所の取り組みと実践が問われることになるといえます。一方で、期待されているともいえるでしょう。

はじめに
令和6年度介護報酬改定 最も注目すべきポイントはここ

必ずおさえる
運営基準の
「すべきこと」

［知ってて当然　基本のキ］
# ケアプラン作成のルール②

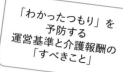「わかったつもり」を
予防する
運営基準と介護報酬の
「すべきこと」

Part3

［知らなかったではすまされない！］
# 実践のためのケアプラン作成のルール

Part4

"連携"には欠かせない居宅サービスにかかわる介護報酬算定のための「すべきこと」

["あいまいなまま"ですませていませんか?]

# 居宅サービスの加算をケアプランに位置づけるときなどのルール

［ここまでおさえれば安心！］
# ケアプラン作成にまつわるルール

**本書で取り扱っている法令・通知については、本文中、次のとおり略称を用いています。**

| | |
|---|---|
| 運営基準（居宅介護支援）：指定居宅介護支援等の事業の人員及び運営に関する基準（平成 11 年 3 月 31 日厚生省令第 38 号） | |
| 解釈通知（居宅介護支援）：指定居宅介護支援等の事業の人員及び運営に関する基準について（平成 11 年 7 月 29 日老企第 22 号） | |
| 留意事項通知（訪問通所サービス等）：指定居宅サービスに要する費用の額の算定に関する基準（訪問通所サービス、居宅療養管理指導及び福祉用具貸与に係る部分）及び指定居宅介護支援に要する費用の額の算定に関する基準の制定に伴う実施上の留意事項について（平成 12 年 3 月 1 日老企第 36 号） | |
| 留意事項通知（短期入所サービス等）：指定居宅サービスに要する費用の額の算定に関する基準（短期入所サービス及び特定施設入居者生活介護に係る部分）及び指定施設サービス等に要する費用の額の算定に関する基準の制定に伴う実施上の留意事項について（平成 12 年 3 月 8 日老企第 40 号） | |
| 運営基準（居宅サービス等）：指定居宅サービス等の事業の人員、設備及び運営に関する基準（平成 11 年 3 月 31 日厚生省令第 37 号） | |
| 解釈通知（居宅サービス等）：指定居宅サービス等及び指定介護予防サービス等に関する基準について（平成 11 年 9 月 17 日老企第 25 号） | |

本書は、「「令和 6 年度介護報酬改定に関する Q&A（Vol. 4）（令和 6 年 4 月 18 日）」の送付について」（令和 6 年 4 月 18 日事務連絡）までの内容に基づいて作成しています。

本書発行以降に発出された法令、通知、事務連絡などについて、本書の内容にかかわるもののうち主なものを、弊社コーポレートサイトにおいて紹介しています。

Part1

［必須！　運営基準違反&減算］

# ケアプラン作成の
# ルール①

**0**

# 介護支援専門員1人あたりの取扱い件数（運営基準）

令和6年度
改正

2024（令和6）年4月1日以降、介護支援専門員1人あたりの取扱い件数が引き上げられます

取扱い件数 35 件 ⇨ 44 件

---

> わかったつもり…にしない（改めて）運営基準

○居宅介護支援事業者は、事業所ごとに1人以上の介護支援専門員を常勤でおかなければなりません。

○その数は、利用者44人に対して1人を基準とします。

○居宅介護支援事業者が介護予防支援事業者の指定を併せて受け、または地域包括支援センターの設置者である介護予防支援事業者から委託を受けて、介護予防支援を行う場合は、居宅介護支援の利用者の数に、介護予防支援の利用者の数に3分の1をかけた数を加えます。

> 基準になる数 ＝ 居宅介護支援の利用者 ＋ （介護予防支援の利用者× 1/3）

○なお、事業所でケアプランデータ連携システムを活用し、かつ、事務職員を配置している場合は、49人に対して1人を基準とします。

> 根拠：運営基準（居宅介護支援）第2条
> 　　　解釈通知（居宅介護支援）第2−2

○居宅介護支援事業者は、正当な理由なく居宅介護支援の提供を拒んではならないとされ、原則として、利用申込に対しては、これに応じなければなりません。「正当な理由」とは、①事業所の現員からは利用申込に応じきれない場合、②利用申込者の居住地が事業所の通常の事業の実施地域外である場合、③利用申込者が他の居宅介護支援事業者にもあわせて居宅介護支援の依頼を行っていることが明らかな場合などとされています。

> 根拠：解釈通知（居宅介護支援）第2-3-⑶

---

**column**

介護支援専門員1人あたりの取扱い件数の見直し（35件 → 44件）

| 旧 | 新 |
|---|---|
| 利用者の数が35またはその端数を増すごとに1 | 利用者の数（介護予防支援事業者の指定を受けている、または地域包括支援センターから委託を受けている場合は、介護予防支援の利用者の数に3分の1をかけた数を加えた数）が44またはその端数を増すごとに1 |

　令和6年度介護報酬改定において、介護支援専門員1人あたりの取扱い件数が引き上げられました。これは、令和6年度改定の注目すべきポイントです。

　取扱い件数の引き上げを評価する向きもあるようですが、一方で懸念もあります。それは、簡単にいえば、「44件まで新規利用者の依頼については、正当な理由なしに断ることはできない」というものです。介護支援専門員の配置は運営基準に定められている事項です。したがって、例えば、「今月は新規の利用申込が多いから」「重度の利用者の担当が多いから」「ケアマネジャーとして経験が浅く自信がないから」という理由で断ることをよしとはされないということです。

　結果的に、事業所の取り組みと実践が問われることになるといえます。一方で、期待されているともいえるでしょう。

　令和6年度介護報酬改定において、解釈通知（居宅介護支援）に次の一文が新たに加えられました。

> なお、地域における介護支援専門員や居宅介護支援事業所の充足状況等も踏まえ、緊急的に利用者を受け入れなければならない等のやむを得ない理由により利用者の数が当該基準を超えてしまった場合においては、直ちに運営基準違反とすることのないよう留意されたい。

根拠：解釈通知（居宅介護支援）第2-2-(1)

　地域にケアマネジャーの絶対数が不足している場合の措置です。他の事業所が新規を受けられない（受けない）ことに対して、特定の事業所だけに「しわ寄せ」がいくことへの対応ではないことに留意する必要があります。繰り返しになりますが、正当な理由がなければサービス提供を拒否することはできません（運営基準（居宅介護支援）第5条）

# 内容及び手続きの説明及び同意

# 1

令和6年度
改正

ケアプラン等の文書の交付は、その内容・手続きを丁寧に説明してください

> わかったつもり…にしない運営基準

○居宅介護支援事業者は、サービスの提供をはじめるにあたって、あらかじめ、利用申込者またはその家族に対し、次の①〜③について、重要事項説明書などを渡し、丁寧に説明しなければなりません（②については努力義務）。

① 居宅サービス計画の作成にあたり、利用者は複数の居宅サービス事業者等の紹介を求めることができること

② 居宅サービス計画原案に位置づけた居宅サービス事業者等を選んだ理由について説明を求めることができること

③ ❶前（過去）6か月の間に、居宅介護支援事業所において作成された居宅サービス計画の総数のうち、訪問介護、通所介護、福祉用具貸与及び地域密着型通所介護（訪問介護等）がそれぞれ位置づけられた居宅サービス計画の数が占める割合、❷前（過去）6か月の間に、居宅介護支援事業所において作成された居宅サービス計画に位置づけられた訪問介護、通所介護、福祉用具貸与及び地域密着型通所介護それぞれの回数のうち、同一の居宅サービス事業者または地域密着型サービス事業者によって提供されたものが占める割合（上位3位まで）など

○なお、対象となるのは、①3月1日から8月末日（前期）、②9月1日から2月末日（後期）の間（毎年度2回）に作成された居宅サービス計画です。

○また、説明された内容を、利用申込者が「理解したこと」がわかるよう、利用申込者から署名を得ることが望ましいとされています。

> 根拠：運営基準（居宅介護支援）第4条第2項、第3項／解釈通知（居宅介護支援）第2−3−⑵

## 運営指導の"あるある"と改善・ワンランクアップのためのヒント

■ "あるある"のその①

・サービスの提供をはじめる際、居宅介護支援事業者は、利用申込者・家族に、①居宅サービス計画を作成するにあたって、利用者は複数の居宅サービス事業者等の紹介を求めることができること、②居宅サービス計画原案に位置づけた居宅サービス事業者等を選んだ理由について説明を求めることができることを、重要事項説明書などを渡すとともに、直接、細かいところに気を配りながら丁寧に説明するよう求められているが、重要事項説明書に説明がない、または説明したことがわかる記録がない。

改善・ワンランクアップのためのヒント

> 重要事項説明書に明記しておくことで説明→同意→交付の一連のプロセスがもれなく実践できます。

■ "あるある"のその②

・「居宅サービス計画の総数のうち訪問介護等の占める割合等」の説明について、重要事項説明書などで説明はしていたが、「利用者の署名」を得ていなかった（「居宅サービス計画の総数のうち訪問介護等の占める割合等」の説明は令和6年度介護報酬改定において義務から努力義務に変更された）。

■ "あるある"のその③

・「居宅サービス計画の総数のうち訪問介護等の占める割合等」の説明について、重要事項説明書では「別添のとおり」としていたが、別に添えられるべき資料がなかった（「居宅サービス計画の総数のうち訪問介護等の占める割合等」の説明は令和6年度介護報酬改定において義務から努力義務に変更された）。

改善・ワンランクアップのためのヒント

> 「ペライチ」（ペラ一枚）で構わないので、重要事項説明書に、【別紙】をつけて説明します。こうすることで、説明→同意→交付という一連のプロセスのなかでもれなく説明することができるようになります。別紙とする理由は、契約時期により、記載される内容が異なる（「訪問介護等の割合等」が前6か月（前期・後期）によって異なる）からです。

## ② 課題分析における留意点

令和6年度 改正なし

ケアプランの立案にあたっては、例外を除き、居宅を訪問し、面接して
アセスメントを行ってください

---

### わかったつもり…にしない運営基準

○解決すべき課題の把握（アセスメント）にあたり、介護支援専門員は、利用者の居
宅を訪問し、利用者及びその家族に面接して行わなければなりません。

○その際、面接の趣旨を利用者及びその家族に対して十分に説明し、理解を得る必
要があります。

> 根拠：運営基準（居宅介護支援）第13条第7号／解釈通知（居宅
> 介護支援）第2-3-(8)-⑧

---

### 運営指導の"あるある"と改善・ワンランクアップのためのヒント

- **"あるある"のその①**

・利用者が入院中であることを理由に、入院先の病院や利用者の居宅を訪問せず、
看護師や家族との電話だけで、アセスメントを完了していた。

　改善・ワンランクアップのためのヒント

> アセスメントは、利用者が入院中であることなど物理的な理由がある場
> 合を除き必ず利用者の居宅を訪問し、利用者及びその家族に面接して行
> わなければなりません。

■ " あるある " のその②

・ 課題分析を行った場所（日時）について記載がなく、居宅を訪問した事実が確認できない。

   改善・ワンランクアップのためのヒント

> 居宅介護支援経過（第5表）に記録にすることでも構いませんが、課題分析表に記載する方がより明確になるといえます。

■ " あるある " のその③

・ 課題分析等にあたり、面接の趣旨を、あらかじめ利用者及び家族にどのように（何をもって）説明したかわからず、理解を得られたのかどうか資料などから読み取ることができない。

   改善・ワンランクアップのためのヒント

> 重要事項説明書の【提供するサービス（居宅介護支援）の内容】などを活用して、サービスの内容を具体的に記すことで、面接の目的、趣旨や必要性などを、利用者・家族に伝えることにつながります。重要事項説明書などを用いて丁寧に説明することが「十分な」（適切な）方法であり、重要事項説明書をもって署名を得ることで実践の確認ができます。

## あわせて確認したい…運営基準

課題分析にあたっては、表のとおり標準項目が定められています（詳細は p.40）。

| 基本情報に関する項目 | ① 基本情報（受付、利用者等基本情報）<br>② これまでの生活と現在の状況<br>③ 利用者の社会保障制度の利用情報<br>④ 現在利用している支援や社会資源の状況<br>⑤ 日常生活自立度（障害）<br>⑥ 日常生活自立度（認知症）<br>⑦ 主訴・意向<br>⑧ 認定情報<br>⑨ 今回のアセスメントの理由 |
| --- | --- |
| 課題分析（アセスメント）に関する項目 | ⑩ 健康状態<br>⑪ ADL<br>⑫ IADL<br>⑬ 認知機能や判断能力<br>⑭ コミュニケーションにおける理解と表出の状況<br>⑮ 生活リズム<br>⑯ 排泄の状況<br>⑰ 清潔の保持に関する状況<br>⑱ 口腔内の状況<br>⑲ 食事摂取の状況<br>⑳ 社会との関わり<br>㉑ 家族等の状況<br>㉒ 居住環境<br>㉓ その他留意すべき事項・状況 |

## 3

# サービス担当者会議等による専門的意見の聴取

令和6年度<br>改正なし

ケアプラン原案の合意形成を図るために、サービス担当者会議を開いて専門的な見地から意見を集めてください

---

### わかったつもり…にしない運営基準

○介護支援専門員は、サービス担当者会議の開催等により、利用者の状況等に関する情報を担当者（居宅サービス計画の原案に位置づけた居宅サービスなどの担当者）と共有するとともに、居宅サービス計画の原案の内容について、担当者から、専門的な見地からの意見を求めなければなりません。

○サービス担当者会議の開催にあたり、やむを得ない理由がある場合は、担当者に対する照会等により意見を求めることができます。

担当者による「専門的な見地」に基づく意見及び「担当者に対する照会等により」求めた意見ともに、サービス担当者会議の要点にその内容を記録として残しておきます。

**表　やむを得ない理由がある場合**

| |
|---|
| やむを得ない理由がある場合には、担当者への照会により意見を求めることができる。 |
| ・利用者（末期の悪性腫瘍の患者に限る）の心身の状況等により、主治の医師または歯科医師の意見を勘案して必要と認める場合 |
| ・開催の日程調整を行ったが、サービス担当者の事由により、サービス担当者会議への参加が得られなかった場合 |
| ・居宅サービス計画の変更であって、利用者の状態に大きな変化が見られない等における軽微な変更の場合　　など |

○サービス担当者会議を欠席した担当者がいる場合は、担当者の所属（職種）及び氏名、出席できない理由をサービス担当者会議の要点に残しておきます（「介護サービス計画書の様式及び課題分析標準項目の提示について」（平成11年11月12日老企第29号））。

○サービス担当者会議に出席できない担当者がいる場合は、照会（依頼）した年月日、照会（依頼）した内容と回答をサービス担当者会議の要点に残しておきます（「介護サービス計画書の様式及び課題分析標準項目の提示について」（平成11年11月12日老企第29号））。

表　テレビ電話装置等の活用

・サービス担当者会議は、テレビ電話装置等（リアルタイムでの画像を介したコミュニケーションが可能な機器）を活用して行うことができる。利用者またはその家族（利用者等）が参加する場合にあっては、テレビ電話装置等の活用について当該利用者等の同意を得なければならない。なお、テレビ電話装置等の活用に当たっては、個人情報保護委員会・厚生労働省「医療・介護関係事業者における個人情報の適切な取扱いのためのガイダンス」、厚生労働省「医療情報システムの安全管理に関するガイドライン」等を遵守する

根拠：運営基準（居宅介護支援）第13条第9号／解釈通知（居宅介護支援）第2−3−(8)−⑩

## 運営指導の"あるある"と改善・ワンランクアップのためのヒント

■"あるある"のその①

・サービス担当者会議の要点（第4表）に、「専門的な見地」に基づく意見が記載されていない。議論の内容、そして、サービス担当者会議で何が決定（合意）されたのか、具体的でない、またはわからない（記録されていない）。

　　改善・ワンランクアップのためのヒント

サービス担当者会議では、【原案に対して専門的見地から意見を求めること】が必須条件と認識し、担当者の発言内容を記載します。

■"あるある"のその②

・サービス担当者会議の開催を判断するにあたり、利用者の状態に大きな変化がみられないなどの「軽微な変更」の解釈がケアマネジャー自身の思い込み（判断）となっている（福祉用具貸与ですでにベッドを借りていたが、車いすを追加貸与するなど）。

　　改善・ワンランクアップのためのヒント

「軽微な変更」については、「居宅介護支援等に係る書類・事務手続や業務負担等の取扱いについて」（令和3年3月31日老介発0331第1号・老高発0331第2号・老認発0331第3号・老老発0331第2号）の「ケアプランの軽微な変更の内容について」において、その例が示されていますが、ここではいずれも「「軽微な変更」に該当する場合があるものと考えられる」と表現されているにすぎません。

加えて、これらは「あくまで例示」であり、ケアマネジメントにおける

「一連の業務を行う必要性の高い変更であるかどうかによって軽微か否かを判断すべき」とされています。ケアマネジャーの「思い込み」や「判断」ではなく、そのケースが「軽微な変更」にあたるのかどうか保険者に確認することが必要です。仮に「軽微な変更」にあたらない場合、サービス担当者会議を開催しなければ、運営基準減算の対象になります。

■ "あるある"のその③

・暫定ケアプランの作成にあたり、サービス担当者会議を開催せず、認定結果が出た際にサービス担当者会議を開催していた。

改善・ワンランクアップのためのヒント

① 暫定ケアプランの作成においては、通常のケアプランの場合と同様、サービス担当者会議を開催することが必要です。その後、認定結果が出た際に利用者状況に変化がなく、暫定ケアプランの変更の必要性がない場合には、それを本プランとすることができます。

② ①の場合には、暫定ケアプランを変更する必要性がないと判断した理由（根拠）を具体的に記載するなどします。ただし、保険者により一連の行為の実施の有無及び範囲が異なる場合があるため、保険者に確認することが適切でしょう。

③ また、その場合においても要介護度が決定した段階で、居宅サービス計画書に要介護度、認定有効期間を追記して利用者等に交付することも利用者本位の支援として実践することが必要といえます。

■ "あるある"のその④

・ケアプランに居宅療養管理指導が位置づけられているにもかかわらず、担当者（医師、歯科医師、薬剤師など）に対して意見を求めていない、サービス担当者会議の開催案内を出していない。

改善・ワンランクアップのためのヒント

居宅療養管理指導は、支給限度額管理の対象ではないということ以外、ほかのサービス事業所との連携体制と何ら変わることはありません。それをふまえて、サービス担当者会議の開催案内（欠席時の照会）、ケアプランの交付などを実施する必要があります。

■ "あるある"のその⑤

・ サービス担当者会議を欠席した担当者の職種、出席できない理由が記載されていない。

### 改善・ワンランクアップのためのヒント

そもそも、サービス担当者会議の要点（第4表）には、会議出席者の所属と併せて「職種」も記載するよう示されています。

出席できない場合でも、「記載者（事業所・職種・氏名）」「欠席理由」や「照会内容（専門的見地からの意見など）」が記載できるようにするなどの工夫をしてください。また、欠席者からの照会内容（回答）については、会議で報告することになります。

**サービス担当者会議を欠席した担当者がいる場合に「サービス担当者会議の要点」に記載するもの**

| 欠席した担当者の<br>・所属（職種）<br>・氏名<br>・出席できない理由 | 担当者に照会（依頼）した<br>・年月日<br>・内容<br>・回答 |
|---|---|

## 軽微な変更

　「ケアプランの軽微な変更の内容」については、「居宅介護支援等に係る書類・事務手続や業務負担等の取扱いについて」（令和3年3月31日老介発0331第1号・老高発0331第2号・老認発0331第3号・老老発0331第2号）において示されています。

　なお、「軽微な変更」に該当するかどうかは、変更する内容が運営基準（居宅介護支援）第13条第3号（継続的かつ計画的な指定居宅サービス等の利用）から第12号（担当者に対する個別サービス計画の提出依頼）までの一連の業務を行う必要性の高い変更であるかどうかによって判断すべきものであるとしています。

| | |
|---|---|
| サービス提供の曜日変更 | 利用者の体調不良や家族の都合などの臨時的、一時的なもので、単なる曜日、日付の変更のような場合には、「軽微な変更」に該当する場合があるものと考えられる。 |
| サービス提供の回数変更 | 同一事業所における週1回程度のサービス利用回数の増減のような場合には、「軽微な変更」に該当する場合があるものと考えられる。 |
| 利用者の住所変更 | 利用者の住所変更については、「軽微な変更」に該当する場合があるものと考えられる。 |
| 事業所の名称変更 | 単なる事業所の名称変更については、「軽微な変更」に該当する場合があるものと考えられる。 |
| 目標期間の延長 | 単なる目標設定期間の延長を行う場合（ケアプラン上の目標設定（課題や期間）を変更する必要がなく、単に目標設定期間を延長する場合など）については、「軽微な変更」に該当する場合があるものと考えられる。 |
| 福祉用具で同等の用具に変更するに際して単位数のみが異なる場合 | 福祉用具の同一種目における機能の変化を伴わない用具の変更については、「軽微な変更」に該当する場合があるものと考えられる。 |
| 対象福祉用具の福祉用具貸与から特定福祉用具販売への変更 | 指定福祉用具貸与の提供を受けている対象福祉用具（指定居宅サービス等の事業の人員、設備及び運営に関する基準第199条第2号に定める対象福祉用具をいう）をそのまま特定福祉用具販売へ変更する場合に、「軽微な変更」に該当する場合があるものと考えられる。 |
| 目標もサービスも変わらない（利用者の状況以外の原因による）単なる事業所変更 | 目標もサービスも変わらない（利用者の状況以外の原因による）単なる事業所変更については、「軽微な変更」に該当する場合があるものと考えられる。 |
| 目標を達成するためのサービス内容が変わるだけの場合 | 第1表の総合的な援助の方針や第2表の生活全般の解決すべき課題、目標、サービス種別等が変わらない範囲で、目標を達成するためのサービス内容が変わるだけの場合には、「軽微な変更」に該当する場合があるものと考えられる。 |
| 担当介護支援専門員の変更 | 契約している居宅介護支援事業所における担当介護支援専門員の変更（ただし、新しい担当者が利用者はじめ各サービス担当者と面識を有していること）のような場合には、「軽微な変更」に該当する場合があるものと考えられる。 |

注：色のついた項目は、令和6年度介護報酬改定に伴い新たに加えられたものです。

## 地域の実情に応じたケアプラン作成の指針づくり

　「居宅介護支援等に係る書類・事務手続や業務負担等の取扱いについて」（令和 3 年 3 月 31 日老介発 0331 第 1 号・老高発 0331 第 2 号・老認発 0331 第 3 号・老老発 0331 第 2 号）では、居宅介護支援事業所に対して、「軽微な変更」を含めた取り扱いについて、地域の実情をふまえてその基本的な考え方などを整理するとともに合意形成を図るため、地域における職能団体などを通じた、意見交換会などの開催を市町村に提案するよう促しています。一方、市町村に対しては、「これらの場を積極的に活用し、双方の認識共有、合意形成の一層の充実」に努めるよう求めています。

　ケアマネジャーと保険者の協働による、その地域の実情に応じたケアプラン作成の指針づくりなどが求められています。

# 4

## 居宅サービス計画の説明及び同意

サービス担当者会議の協議結果（合意）をふまえ、利用者及び家族にケアプランの原案を説明し、同意を得てください

---

### わかったつもり…にしない運営基準

○介護支援専門員は、居宅サービス計画の原案に位置づけた居宅サービス等について、保険給付の対象となるかどうかを区分したうえで、居宅サービス計画の原案の内容について利用者またはその家族に対して説明し、文書により利用者の同意を得なければなりません。

> 根拠：運営基準（居宅介護支援）第13条第10号／解釈通知（居宅介護支援）第2-3-(8)-⑪

---

### 運営指導の"あるある"と改善・ワンランクアップのためのヒント

■ "あるある"のその①

・ケアプランの更新等にあたり、利用者等の同意日に食い違いがある。特に、同意日が、居宅サービス計画書(2)（第2表）の「援助内容」の「期間」におけるサービスの実施開始日以降となっていて（例：サービス実施開始日が「7月1日」であるのに対し、同意日が「7月7日」であるなど）、ケアプランの同意を得る前にサービスが提供されている。

・利用者の判断能力に不安があり、家族に対してケアプランを説明する場合に、家族の都合などによりサービス実施開始日までにその同意を得ることができず、サービス開始以降に同意を得ている。

## 改善・ワンランクアップのためのヒント

ケアプランは、サービス実施開始日より前に、説明・同意・交付を行うことが必須です。万が一、何らかの理由で実現できない場合は、その理由を保険者に説明したうえで、保険者からの回答を記録しておきます。

## 5

# 居宅サービス計画の交付

最終同意が得られたケアプランは、利用者とサービス担当者に交付してください

---

### わかったつもり…にしない運営基準

○介護支援専門員は、居宅サービス計画を作成（または変更）したときは、居宅サービス計画を利用者及び居宅サービス等の担当者に交付しなければなりません。

> 根拠：運営基準（居宅介護支援）第13条第11号／解釈通知（居宅介護支援）第2-3-(8)-⑫

---

### 運営指導の"あるある"と改善・ワンランクアップのためのヒント

■ "あるある"のその①

・ ケアプランを、利用者とサービス担当者に交付した事実が居宅介護支援経過（第5表）に記載されていない。また、居宅療養管理指導を行う事業所に対する交付の記録がない。

**改善・ワンランクアップのためのヒント**

本来であれば、交付した事実が確認できない場合は、運営基準減算になります。そのことをふまえると、必要な一連の支援にかかわる実践（居宅介護支援の依頼を受け付けた日、重要事項説明書・契約書などを説明し、同意を得た日、課題分析を実施した日（利用者の自宅を訪問した日）など）が記載できるように標準様式に手を加えるなどの工夫をすると、「忘れる」を防ぐことにもなります。

## 医療サービスの利用

- 医療サービス（表）の利用にあたっては、ケアマネジャーは主治医等の指示があることを確認し、利用者が医療サービスを希望している場合には、利用者の同意のもと、主治医等の意見を求めるとともに、作成したケアプランをその主治医等に交付しなければなりません。にもかかわらず、主治医等の意見を求めていない、ケアプランを交付した記録がないといったケースがあります。
- 訪問リハビリテーション及び通所リハビリテーションについては、退院後のリハビリテーションを早期に開始するため、利用者が入院している医療機関の医師による意見をふまえて、速やかに医療サービスを含む居宅サービス計画を作成することが望ましいとされています。

> 根拠：運営基準（居宅介護支援）第 13 条第 19 号・第 19 号の 2・第 20 号／解釈通知（居宅介護支援）第 2−3−(8)−㉑

**表　医療サービス**

- 訪問看護
- 訪問リハビリテーション
- 通所リハビリテーション
- 居宅療養管理指導
- 短期入所療養介護
- 定期巡回・随時対応型訪問介護看護（訪問看護サービスを利用する場合）
- 看護小規模多機能型居宅介護（訪問看護サービスを利用する場合）

### 改善・ワンランクアップのためのヒント

① 医療との連携を図る意味においても、主治医等の指示及び意見を聴取し、その内容を記録しておく必要があります（サービス担当者会議でも内容を共有する）。

② 医療サービスの利用には、意見を求めた主治医等に、ケアプランを交付することが義務づけられています。したがって、交付した日にちを記録しておく必要があります。また、医療サービスを利用していないケースでも、必要に応じて利用者等の同意をもとにケアプランを交付することも求められます（例：一人暮らしで病気がちだが、その時点では医療サービスが必要でない場合など）。

■ ケアプランを変更する場合のケアプランの交付

・ケアプランを変更する場合、第1表から第3表までを交付すべきなのか、または、変更のあったものだけ（例えば、第2表のみ）交付すればよいのか明確にされていません。変更した部分のみを交付するだけでは、利用者にとって非常にわかりにくいものとなってしまう場合もあります。

### 改善・ワンランクアップのためのヒント

> ケアプランの変更にあたっては、見直しの有無にかかわらず第1表から第3表のすべてを改めて交付する必要があるのか、または変更のあったものだけ（例えば、第2表のみ）交付すればよいのか、運営基準にも解釈通知にも明確な規定は示されていません。ケアマネジャーは、自身による判断ではなく、保険者に確認したうえで進めることが必要です。同時に、利用者や家族にとって、どちらがよりわかりやすいかという基準で考えることも大切です。

## 6

# モニタリングの実施

令和6年度
改正

1月に1回モニタリングを実施し、ケアプランの実施状況の把握及び目標に対する評価をしてください

> わかったつもり…にしない運営基準

○モニタリングのタイミング、方法は次のとおり定められています（特段の事情のない限り）。

| タイミング | 場所 | 方法 |
|---|---|---|
| 少なくとも1月に1回 | 利用者の居宅（原則） | 面接 |

○面接は利用者の居宅を訪問して行います（原則）。次の①及び②のいずれにも当てはまり、少なくとも2か月に1回、利用者の居宅を訪れ、利用者に面接するときは、利用者の居宅を訪問しない月はテレビ電話装置などを活用して面接できます。
①　テレビ電話装置などを活用して面接を行うことについて、文書により利用者の同意を得ていること

> → 解釈通知をひも解くと……
>
> 　同意を得る際は、利用者に対し、テレビ電話装置などによる面接のメリット・デメリットを含め、具体的な実施方法（居宅を訪問するのは2か月に1回であることなど）を懇切丁寧に説明することが重要であるとしています。なお、利用者の認知機能が低下している場合など、同意を得ることが困難と考えられる利用者は、テレビ電話装置などを活用した面接の対象者として想定されません。

② サービス担当者会議などにおいて、次の❶～❸について主治医、担当者その他の関係者の合意を得ていること
❶ 利用者の心身の状況が安定していること
❷ 利用者がテレビ電話装置などを活用した意思の疎通ができること
❸ 介護支援専門員が、テレビ電話装置などを活用したモニタリングでは把握できない情報について、担当者から提供を受けること

→ 解釈通知をひも解くと……
○「利用者の心身の状況が安定していること」の確認
　主治医などによる（医学的な観点をふまえた）意見などをふまえて、サービス担当者会議などで総合的に判断することが必要とされています。なお、判断材料として、主治医の意見のほか、次のとおり例が示されています。
・介護者の状況に変化がないこと
・住環境に変化がないこと（住宅改修による手すり設置やトイレの改修等を含む）
・サービス（保険給付以外のサービスも含む）の利用状況に変更がないこと
○テレビ電話装置などを活用して面接を行うにあたっては、利用者がテレビ電話装置などを介して、利用者の居宅で面接を行う場合と同じ程度の応対ができる必要があります。なお、必ずしも利用者自身がテレビ電話装置などを操作する必要はなく、家族などの介助者が操作しても差し支えないとされています。
○テレビ電話装置などを活用して面接を行う場合、画面越しでは確認できない利用者の健康状態や住環境などについては、サービス事業所の担当者が提供する情報により補う必要があります。その場合、サービス事業所の担当者の同意を得るとともに、サービス事業所の担当者に過度な負担がかからないよう、情報収集を依頼する項目や情報量について留意する必要があるとされています。なお、サービス事業所の担当者に情報収集を依頼するにあたり、参考として「情報連携シート」が示されています。
○主治医、担当者その他の関係者の合意を得る方法として、サービス担当者会議のほか、利用者の通院や訪問診療にあたり主治医に意見を照会する、サービス事業所の担当者と日常的に行っている連絡調整の際、担当者に意見を照会するが想定されるとし、いずれの場合でも、合意に至るまでの過程を記録しておくことが必要であるとしています。

○また、モニタリングの結果は、少なくとも1月に1回、記録しなければなりません。
○テレビ電話装置などを活用して面接を行う場合でも、利用者の状況に変化が認められたときなどは、居宅を訪問して行う面接に切り替えることが適当です。

○テレビ電話装置などの活用にあたっては、「医療・介護関係事業者における個人情報の適切な取扱いのためのガイダンス」「医療情報システムの安全管理に関するガイドライン」などを遵守します。

○なお、「特段の事情」とは、利用者の事情により、利用者の居宅を訪問し、利用者に面接することができない場合を主に指し、介護支援専門員側の事情は含まれません。また、「特段の事情」がある場合の具体的な内容を記録しておくことが必要です。

> 根拠：運営基準（居宅介護支援）第 13 条第 14 号／解釈通知（居宅介護支援）第 2－3－(8)－⑮

○サービス利用票別表は月単位で作成し、居宅介護支援事業者が保存するサービス利用票（控）に利用者の確認を受けます。テレビ電話装置などを活用してモニタリングを行う月にサービス利用票（控）に利用者の確認を受ける方法として、訪問してモニタリングを行う月に、テレビ電話装置などを活用してモニタリングを行う月の分のサービス利用票（控）を持参して確認を受ける、電子メールによって確認を受けるなどの方法が考えられるとされています。

> 根拠：「令和6年度介護報酬改定に関するQ&A（Vol.3）（令和6年3月29日）」の送付について」（令和6年3月29日事務連絡）問5

---

**ちょっとひといき コーヒーブレイク**

令和6年度の介護報酬改定に伴う運営基準の見直しで、テレビ電話装置その他の情報通信機器を活用したモニタリングができるようになりました。
その要件の1つとして、テレビ電話装置などを活用したモニタリングでは把握できない情報について、担当者から提供を受けることが求められます。
人材の有効活用と居宅サービス事業者などとの連携促進によるケアマネジメントの質の向上が目的とされています。

## 運営指導の"あるある"と改善・ワンランクアップのためのヒント

■ "あるある"のその①

・ モニタリングを実施した場所（利用者の居宅で実施したのかどうか）がわからない（記録がない）。

### 改善・ワンランクアップのためのヒント

> 【いつ・どこで・誰が・何を】は、すべての記録に共通することです。また、モニタリングにおいては、ケアプランに位置づけられたサービスの実施状況、目標に対する達成状況、目標に対してサービスが適切かどうか、新しい生活課題もしくは可能性が生まれていないかなどが、モニタリングの結果として記録されていることが必要です。

■ "あるある"のその②

・ 「新規申し込みが続いたから」「（利用者が）来なくてよいといった」などの理由でモニタリングを行なっていない、または利用者から「サービスを受けている施設に来てほしい」といわれて、自宅以外の場所でモニタリングを実施している。

### 改善・ワンランクアップのためのヒント

> モニタリングは、特段の事情のない限り、利用者の居宅で面接を行うこととされています。「特段の事情」とは、利用者の事情により自宅を訪問することができない場合をいい、「自宅に来なくてよい」といわれたから、利用者の都合や希望で自宅を訪問しなかった場合は、「特段の事情」にあたらないことがほとんどです。
> なぜ、自宅を訪問する必要があるのか、丁寧に説明し、利用者の同意と納得を得ることが必要です（本来は、重要事項説明書の説明にあたって同意を得ておくことも肝要）。万が一、このような丁寧な対応をしてもなお、困難な場合には、その経緯を記録したうえで、保険者に相談することが求められます。

# 7

# 居宅サービス計画の変更の必要性についての専門的意見の聴取

令和6年度
改正なし

更新認定を受けた場合などは、ケアプランの変更の必要性等についてサービス担当者から意見を求めてください

## わかったつもり…にしない運営基準

○介護支援専門員は、①利用者が要介護更新認定を受けた場合、②利用者が要介護状態区分の変更の認定を受けた場合は、サービス担当者会議を開催し、居宅サービス計画の変更の必要性について、担当者から意見を求めなければなりません。

根拠：運営基準（居宅介護支援）第13条第15号／解釈通知（居宅介護支援）第2－3－(8)－⑯

## 運営指導の"あるある"と改善・ワンランクアップのためのヒント

■ "あるある"のその①

・要介護更新認定の際、要介護度に変化がなくサービス内容と頻度も変更する必要がなかったために、軽微な変更にあたると判断し、見直したケアプランを利用者及び家族、またはサービス事業者に交付しただけで、サービス担当者会議を開催しなかった。

改善・ワンランクアップのためのヒント

「要介護度に変更がなかった」「サービス内容と頻度に変更がなかった」は、そもそも「軽微な変更」には該当しませんから、サービス担当者会議の開催は必須です。
なお、運営基準（居宅介護支援）第13条（第16号）において、居宅サービス計画の作成後に居宅サービス計画の変更がある場合には、一連の業

務（第13条第3号から第12号）を行うことが必要であるとされていることから、新たなサービスを追加する場合には、一連の行為を行う、つまり、サービス担当者会議の開催を含めたプロセスのすべてが必要ということになります。

**表　一連の業務（運営基準（居宅介護支援）第13条第3号から第12号）とは**

| |
|---|
| **第13条（指定居宅介護支援の具体的取扱方針）** |
| **第3号　継続的かつ計画的な指定居宅サービス等の利用** |
| ・介護支援専門員は、利用者の心身や家族の状況などに応じ、継続的かつ計画的に居宅サービス等の利用が行われるようにしなければならない。 |
| **第4号　総合的な居宅サービス計画の作成** |
| ・介護支援専門員は、介護給付の対象にならない保健医療福祉サービス、インフォーマルサポートの利用も含めてケアプランに位置づけるよう努めなければならない。 |
| **第5号　利用者自身によるサービスの選択** |
| ・介護支援専門員は、ケアプランの作成を始めるにあたり、利用者がサービスを選択できるよう、地域にあるサービス事業者のサービス内容、利用料などの情報を適正に利用者・家族に対して提供する。 |
| **第6号　課題分析の実施** |
| ・介護支援専門員は、ケアプランの作成にあたり、適切な方法によって、利用者が抱える問題点を明らかにし、利用者が自立した日常生活を営むことができるように支援するうえで解決すべき課題を把握しなければならない。 |
| 第7号　課題分析における留意点（No.2） |
| ・解決すべき課題の把握（アセスメント）は、利用者の居宅を訪問し、利用者及びその家族に面接して行わなければならない。 |
| **第8号　居宅サービス計画原案の作成** |
| ・介護支援専門員は、利用者の希望とアセスメントの結果に基づき、ケアプランの原案を作成しなければならない。 |
| 第9号　サービス担当者会議等による専門的意見の聴取（No.3） |
| ・介護支援専門員は、サービス担当者会議の開催により、利用者の状況等に関する情報を担当者と共有するとともに、ケアプランの原案の内容について、担当者から、専門的な見地からの意見を求めるものとする。 |
| 第10号　居宅サービス計画の説明及び同意（No.4） |
| ・介護支援専門員は、利用者・家族に対してケアプランの原案の内容を説明し、文書により利用者の同意を得なければならない。 |
| 第11号　居宅サービス計画の、利用者及び担当者に対する交付（No.5） |
| ・介護支援専門員は、ケアプランを利用者及び担当者に交付しなければならない。 |
| **第12号　担当者に対する個別サービス計画の提出依頼** |
| ・介護支援専門員は、ケアプランに位置づけたサービス事業者などに対し、個別サービス計画の提出を求めるものとする。 |

注：色字にしたものは運営基準減算の要件となるものです。

Part2

[知ってて当然　基本のキ]

# ケアプラン作成の
# ルール②

## 8

# 指定居宅介護支援の基本的留意点

令和6年度
改正なし

ケアマネジメントを行うにあたっては、懇切丁寧にサービスを提供することを心がけ、ケアプラン等は、わかりやすく説明してください

> **わかったつもり…にしない運営基準**

○介護支援専門員は、居宅介護支援の提供にあたって、懇切丁寧であることを大切にします。

○また、サービスの提供方法等について、利用者またはその家族が理解しやすいように説明します。

> 根拠：運営基準（居宅介護支援）第13条第2号／解釈通知（居宅介護支援）第2-3-(8)-②

> **運営指導の"あるある"と改善・ワンランクアップのためのヒント**

■ "あるある"のその①

・重要事項を記した文書（重要事項説明書。運営基準（居宅介護支援）第4条）に記されている、「サービス提供方法等」が運営規程にある内容と異なる、または、表現が簡単すぎて、利用者等が内容を理解することが困難である。

　改善・ワンランクアップのためのヒント

① 「懇切丁寧」とは、その場だけ丁寧に説明をすればよいということではありません。「その場でわかりやすく」はもちろん、それ以降も、重要事項説明書を読めば理解できるということが重要です。

　　専門用語の使用や曖昧・抽象的な表現は避け、「具体的でわかりやすい」を大切にします。

② 例えば、サービス内容の紹介では、単に「ケアプランを作成します」

「モニタリングを月1回行います」ではなく、「相談については事業所の相談スペースで受けつけます」「自宅を訪問し、生活などに関する希望を伺い、アセスメント（生活や心身状況の把握や分析）を行います」など、具体的な手順や流れを定めておきます。

ちょっとひといき
**コーヒーブレイク**

「懇切」とは

「懇切」の「懇」には、まごころでするさま、心づかいのこまやかなさまという意味があります（広辞苑（第7版））。ケアマネジャーには、決して表面的でない、きめ細やかな説明が求められています。

# 9

# 総合的な居宅サービス計画の作成

令和6年度<br>改正なし

ケアプランの立案にあたっては、保険給付の対象にならないサービスを位置づけるよう
検討してください

## わかったつもり…にしない運営基準

○居宅サービス計画の作成（または変更）にあたり、介護支援専門員は、介護給付等
対象サービス以外の保健医療サービスや福祉サービス、地域の住民による自発的
な活動によるサービス等の利用も含めて居宅サービス計画上に位置づけるよう努
めなければなりません。

> 根拠：運営基準（居宅介護支援）第13条第4号／解釈通知（居宅
> 介護支援）（居宅サービス等）第2－3－(8)－⑤

○特定事業所加算の算定には、多様な主体により提供される利用者の日常生活全般
を支援するサービス（インフォーマルサービスを含む）が包括的に提供されるような
居宅サービス計画の作成が求められます。

> 根拠：厚生労働大臣が定める基準（厚生労働省告示第95号）第
> 84号イー⑬
> 留意事項通知（訪問通所サービス等）第3－14－(3)－⑬

■ "あるある" のその①

・インフォーマルサポートを利用していたが、その内容がケアプランに反映されていない。

　　改善・ワンランクアップのためのヒント

> インフォーマルサポートを位置づけるよう努めていることがうかがえる、または、インフォーマルサポートを実際に位置づけているにもかかわらず、そのことが記載されていない「もったいない」ケースがあります。ボランティアや家族等の支援についてもニーズ解決のために必要であれば記載します。
>
> また、利用者自身がしていること・できていることを、セルフケアとして位置づけることも非常に大切です。

■ "あるある" のその②

・特定事業所加算を算定している場合、インフォーマルサービスを含む生活支援のサービスが包括的に提供されるようなケアプランの作成が算定要件の１つであるにもかかわらず、インフォーマルサポートの活用を検討していない、または検討したことがわかるような記録が残っていない。

　　改善・ワンランクアップのためのヒント

> インフォーマルサポートといっても、実際にケアプランに位置づけることが難しい場合や、また、実際に利用できる資源が地域にあるかどうかその情報を得ることに限界がある場合があります。
>
> インフォーマルサポートの利用に向けて検討したその内容、もしくは検討したものの利用するまでに至らなかった理由などを、居宅介護支援経過などに記録しておきます。

　「多様な主体により提供される利用者の日常生活全般を支援するサービス」とは、介護給付等対象サービス以外の保健医療サービスまたは福祉サービス、当該地域の住民による自発的な活動によるサービス等のことをいいます。具体的には、市町村が一般施策として行う配食サービス、寝具乾燥サービスや当該地域の住民による見守り、配食、会食などの自発的な活動によるサービスなどを指します。

　なお、必要性を検討した結果、「多様な主体により提供される利用者の日常生活全般を支援するサービス」を位置づけた居宅サービス計画が、事業所のすべての居宅サービス計画のうち1件もない場合についても算定できるとされています。その場合、その理由を説明できるようにしておく必要があります。

> 根拠:「令和3年度介護報酬改定に関するQ&A（Vol. 3）（令和3年3月26日）」の送付について（令和3年3月26日事務連絡）問113及び114

# 10

# 利用者自身による
# サービスの選択

ケアプランの作成及びサービス活用にあたっては、利用者自身がサービスを選べるよう
情報を提供してください

## わかったつもり…にしない運営基準

○居宅サービス計画の作成（または変更）を始めるにあたっては、介護支援専門員は、
利用者によるサービスの選択に資するよう、地域における指定居宅サービス事業
者等に関するサービスの内容、利用料等の情報を適正に利用者またはその家族に
提供しなければなりません。

> 根拠：運営基準（居宅介護支援）第13条第5号／解釈通知（居宅
> 介護支援）第2－3－(8)－⑥

### Plus α
## あわせて確認したい…運営基準

　居宅サービス計画の作成にあたり、利用者は複数の居宅サービス事業者等の紹介
を求めることができます。また、居宅サービス計画原案に位置づけた居宅サービス
事業者等を選んだ理由について説明を求めることもできます。

　居宅介護支援事業者は、サービスの提供を始める際、前もって、利用申込者・家
族に対し、利用者の「できること」について、重要事項説明書などを渡し、丁寧に
説明しなければなりません。

　また、説明された内容を、利用申込者が「理解したこと」がわかるよう、利用申
込者から署名を得ることが望ましいとされています。

> 根拠：運営基準（居宅介護支援）第4条第2項／解釈通知（居宅介
> 護支援）第2－3－(2)

## 運営指導の"あるある"と改善・ワンランクアップのためのヒント

■ "あるある"のその①

・ 事業者の選択にあたっては、ケアマネジャーが複数の事業所を紹介し、利用者の状況や意向をふまえるとともに、利用者と相談しながら決定していくことが必要であるにもかかわらず、複数の事業所を紹介した形跡（記録）がない。

改善・ワンランクアップのためのヒント

> 複数の事業所を紹介・説明したことがわかる記録が必要です。
> 具体的には、居宅介護支援経過などに、事業所の名称や事業所の特徴、事業所の紹介方法（例：○○事業所のパンフレットをみてもらいながら説明した）などのほか、利用者が「選択した理由」があるとよいでしょう。
> また、特定事業所集中減算について、複数の事業所を紹介したことがわかる、事業所を紹介した方法や選定理由が記録として残されていることで、減算が適用されない場合があります。いずれの場合にも、利用者が適切に選択できるような支援が求められます。
> なお、都道府県によっては、居宅介護支援事業所の通常の事業の実施地域に、訪問介護などのサービス事業所の開設法人数が一定数未満の場合には減算が適用されないといった規定が設けられている場合があります。あらかじめ確認しておくことが大切です。

■ "あるある"のその②

・ 事業所の選択にあたっては、利用者の状況や意向をふまえながら、その利用者の希望などにそった事業所を候補として紹介するはずであるにもかかわらず、あらかじめ特定のサービス事業所が印刷された資料を用いて説明し、結果的にその資料に紹介されている事業所のなかから選ばせていた。

改善・ワンランクアップのためのヒント

> 利用者の住む地域には多くの事業所があるはずです。にもかかわらず、特定の事業所の名称があらかじめ印刷されている資料が用意されているといったことがあります。
> デイサービスセンターが、市内に100か所あるにもかかわらず、利用者の希望などをきくその前から、そのうち10か所の事業所のみが紹介されているといった場合、残りの90か所の事業所を除いた理由がわか

りません。そこには、ケアマネジャー（事業所）の隠れた「作為」があると疑われてしまいます。

サービス事業所の選択にあたっては、利用者の意向などをふまえつつ、複数の候補を紹介するようにします。

■ "あるある" のその③

・サービス事業所の選択理由を書く際、「利用者自らが書くこと」が「利用者自らが選択したこと」を証明するために必ずしも必要なわけではない。にもかかわらず、例えば、リウマチで痛みのある利用者が手を震わせ、痛みに耐えながら選んだ理由と自分の名前を記入してもらっていることがある。

**改善・ワンランクアップのためのヒント**

自署が可能であれば、利用者自身に書いていただくこともよいでしょう。しかし、その行為が本人に苦痛を強いるようなものである場合には、ケアマネジャーが利用者の言葉を聞き取りながら居宅介護支援経過に記録します。それで、「利用者の選択」が疑われるわけではありません。「利用者自身が選択すること」と、利用者自身が理由を記載すること・利用者が署名することは意味が異なります。ケアマネジャーは、利用者の状況に合わせた方法を確認することが大切です。

**11**

# 課題分析の実施

令和6年度
改正なし

ケアプラン立案の前提として、支援にあたり解決すべき課題を把握して
ください

> わかったつもり…にしない運営基準

○居宅サービス計画の作成（または変更）にあたり、介護支援専門員は、適切な方法
により、利用者のもっている能力、すでに提供を受けている居宅サービスなど、
利用者の置かれている環境等の評価を通じて利用者が現に抱える問題点を明らか
にし、利用者が自立した日常生活を営むことができるように支援するうえで解決
すべき課題を把握しなければなりません。

> 根拠：運営基準（居宅介護支援）第13条第6号／解釈通知（居宅
> 介護支援）第2−3−(8)−⑦

## 運営指導の "あるある" と改善・ワンランクアップのためのヒント

■ " あるある " のその①

・国が定める課題分析標準項目（p.40）を網羅していないアセスメント表を使用している。

> 改善・ワンランクアップのためのヒント

> ケアプランの立案は、課題分析を「適切な方法」によって行うことが前提です。具体的には、「利用者の居宅を訪問し」「利用者及びその家族に面接して」行わなければなりません。また、課題分析の手法について、「標準課題分析項目を具備すること」とされています。
> 国が定める課題分析標準項目を網羅していないアセスメント表を使用している場合、速やかに修正をしてください。適切なアセスメントができていないばかりでなく、「課題分析と認められない」という判断もないとはいえないからです。

■ " あるある " のその②

・ニーズとして抽出した内容について課題分析が十分でない（状況の把握が不十分）（例：失禁ありのニーズに対して、課題分析表にはレ点で「ときどき」とされているだけで、具体的な状況がわからない）。

> 改善・ワンランクアップのためのヒント

> 専門家として判断した内容について、具体的な状況把握を行います。そのうえで、第2表には、「生活全般の解決すべき課題（ニーズ）」の欄に自立を阻害する要因を記載し、その解決を図るための具体的なサービス（支援）内容を記載します。ニーズに対する具体的な状況把握と分析は必須です（例えば、失禁がある場合、その頻度、時間帯、尿便の別、失禁に対する利用者の理解の程度や心情、介助方法、介助に対する状況（家族の心情など））。

**表 課題分析標準項目**

基本情報に関する項目

| No. | 標準項目名 | 項目の主な内容（例） |
|---|---|---|
| 1 | 基本情報（受付、利用者等基本情報） | 居宅サービス計画作成についての利用者受付情報（受付日時、受付対応者、受付方法等）、利用者の基本情報（氏名、性別、生年月日、住所、電話番号等の連絡先）、利用者以外の家族等の基本情報、居宅サービス計画作成の状況（初回、初回以外）について記載する項目 |
| 2 | これまでの生活と現在の状況 | 利用者の現在の生活状況、これまでの生活歴等について記載する項目 |
| 3 | 利用者の社会保障制度の利用情報 | 利用者の被保険者情報（介護保険、医療保険等）、年金の受給状況（年金種別等）、生活保護受給の有無、障害者手帳の有無、その他の社会保障制度等の利用状況について記載する項目 |
| 4 | 現在利用している支援や社会資源の状況 | 利用者が現在利用している社会資源（介護保険サービス・医療保険サービス・障害福祉サービス、自治体が提供する公的サービス、フォーマルサービス以外の生活支援サービスを含む）の状況について記載する項目 |
| 5 | 日常生活自立度（障害） | 「障害高齢者の日常生活自立度（寝たきり度）」について、現在の要介護認定を受けた際の判定（判定結果、判定を確認した書類（認定調査票、主治医意見書）、認定年月日）、介護支援専門員からみた現在の自立度について記載する項目 |
| 6 | 日常生活自立度（認知症） | 「認知症高齢者の日常生活自立度」について、現在の要介護認定を受けた際の判定（判定結果、判定を確認した書類（認定調査票、主治医意見書）、認定年月日）、介護支援専門員からみた現在の自立度について記載する項目 |
| 7 | 主訴・意向 | 利用者の主訴や意向について記載する項目<br>家族等の主訴や意向について記載する項目 |
| 8 | 認定情報 | 利用者の認定結果（要介護状態区分、審査会の意見、区分支給限度額等）について記載する項目 |
| 9 | 今回のアセスメントの理由 | 今回のアセスメントの実施に至った理由（初回、要介護認定の更新、区分変更、サービスの変更、退院・退所、入所、転居、そのほか生活状況の変化、居宅介護支援事業所の変更等）について記載する項目 |

課題分析（アセスメント）に関する項目

| No. | 標準項目名 | 項目の主な内容（例） |
|---|---|---|
| 10 | 健康状態 | 利用者の健康状態及び心身の状況（身長、体重、BMI、血圧、既往歴、主傷病、症状、痛みの有無、褥そうの有無等）、受診に関する状況（かかりつけ医・かかりつけ歯科医の有無、その他の受診先、受診頻度、受診方法、受診時の同行者の有無等）、服薬に関する状況（かかりつけ薬局・かかりつけ薬剤師の有無、処方薬の有無、服薬している薬の種類、服薬の実施状況等）、自身の健康に対する理解や意識の状況について記載する項目 |
| 11 | ADL | ADL（寝返り、起きあがり、座位保持、立位保持、立ち上がり、移乗、移動方法（杖や車椅子の利用有無等を含む）、歩行、階段昇降、食事、整容、更衣、入浴、トイレ動作等）に関する項目 |
| 12 | IADL | IADL（調理、掃除、洗濯、買物、服薬管理、金銭管理、電話、交通機関の利用、車の運転等）に関する項目 |
| 13 | 認知機能や判断能力 | 日常の意思決定を行うための認知機能の程度、判断能力の状況、認知症と診断されている場合の中核症状及び行動・心理症状の状況（症状が見られる頻度や状況、背景になりうる要因等）に関する項目 |
| 14 | コミュニケーションにおける理解と表出の状況 | コミュニケーションの理解の状況、コミュニケーションの表出の状況（視覚、聴覚等の能力、言語・非言語における意思疎通）、コミュニケーション機器・方法等（対面以外のコミュニケーションツール（電話、PC、スマートフォン）も含む）に関する項目 |
| 15 | 生活リズム | 1日及び1週間の生活リズム・過ごし方、日常的な活動の程度（活動の内容・時間、活動量等）、休息・睡眠の状況（リズム、睡眠の状況（中途覚醒、昼夜逆転等）等）に関する項目 |
| 16 | 排泄の状況 | 排泄の場所・方法、尿・便意の有無、失禁の状況等、後始末の状況等、排泄リズム（日中・夜間の頻度、タイミング等）、排泄内容（便秘や下痢の有無等）に関する項目 |
| 17 | 清潔の保持に関する状況 | 入浴や整容の状況、皮膚や爪の状況（皮膚や爪の清潔状況、皮膚や爪の異常の有無等）、寝具や衣類の状況（汚れの有無、交換頻度等）に関する項目 |
| 18 | 口腔内の状況 | 歯の状態（歯の本数、欠損している歯の有無等）、義歯の状況（義歯の有無、汚れ・破損の有無等）、かみ合わせの状態、口腔内の状態（歯の汚れ、舌苔・口臭の有無、口腔乾燥の程度、腫れ・出血の有無等）、口腔ケアの状況に関する項目 |
| 19 | 食事摂取の状況 | 食事摂取の状況（食形態、食事回数、食事の内容、食事量、栄養状態、水分量、食事の準備をする人等）、摂食嚥下機能の状態、必要な食事の量（栄養、水分量等）、食事制限の有無に関する項目 |
| 20 | 社会との関わり | 家族等との関わり（家庭内での役割、家族等との関わりの状況（同居でない家族等との関わりを含む）等）、地域との関わり（参加意欲、現在の役割、参加している活動の内容等）、仕事との関わりに関する項目 |
| 21 | 家族等の状況 | 本人の日常生活あるいは意思決定に関わる家族等の状況（本人との関係、居住状況、年代、仕事の有無、情報共有方法等）、家族等による支援への参加状況（参加意思、現在の負担感、支援への参加による生活の課題等）、家族等について特に配慮すべき事項に関する項目 |

| 22 | 居住環境 | 日常生活を行う環境（浴室、トイレ、食事をとる場所、生活動線等）、居住環境においてリスクになりうる状況（危険個所の有無、整理や清掃の状況、室温の保持、こうした環境を維持するための機器等）、自宅周辺の環境やその利便性等について記載する項目 |
|----|--------|---|
| 23 | その他留意すべき事項・状況 | 利用者に関連して、特に留意すべき状況（虐待、経済的困窮、身寄りのない方、外国人の方、医療依存度が高い状況、看取り等）、その他生活に何らかの影響を及ぼす事項に関する項目 |

根拠：介護サービス計画書の様式及び課題分析標準項目の提示について（平成 11 年 11 月 12 日老企第 29 号）別紙4課題分析標準項目について

注：課題分析標準項目については、「「介護サービス計画書の様式及び課題分析標準項目の提示について」の一部改正について」（令和 5 年 10 月 16 日老認発 1016 第 1 号）により見直しが行われた。

---

**ちょっとひといき コーヒーブレイク**

**課題分析標準項目が見直されたわけ**

2023（令和5）年10月に、それまで大きな改正のなかった課題分析標準項目の見直しが行われました。その理由として、項目名や「項目の主な内容（例）」が現状とそぐわないものになっていること、「適切なケアマネジメント手法」との整合性を図る必要があることとされています。
改正にあたり、発出された事務連絡では、情報収集項目がこれまでと変わるわけではないこと、また、「項目の主な内容（例）」については、解釈の違いにより把握する内容に差異が生じないよう、加筆が増えたものの、その内容のすべてを収集することを求めるものではなく、利用者の課題分析に必要な情報を判断するための例示であるとされています。
根拠：「課題分析標準項目の改正に関するQ&A」の発出について（令和5年10月16日事務連絡）

# 12

# 居宅サービス計画原案の作成

いかなる場合においても、ケアプランの原案を作成したうえでサービス提供をしてください

> ## わかったつもり…にしない運営基準

○介護支援専門員は、アセスメントによって把握された解決すべき課題に対応するため、その最も適切なサービスの組み合せについて検討し、居宅サービス計画の原案を作成しなければなりません。

○作成にあたっては、利用者の希望及びアセスメントの結果に基づき、利用者の家族の希望及び地域における居宅サービス等が提供される体制を勘案します。

○居宅サービス計画の原案に記載される内容は次のとおりです。

・利用者及びその家族の生活に対する意向

・総合的な援助の方針

・生活全般の解決すべき課題

・提供されるサービスの目標及びその達成時期

・サービスの種類、内容及び利用料並びにサービスを提供するうえでの留意事項など

> 根拠：運営基準（居宅介護支援）第13条第8号／解釈通知（居宅介護支援）第2-3-(8)-⑨

## 運営指導の"あるある"と改善・ワンランクアップのためのヒント

■ "あるある" のその①

・ 緊急で新たなサービスを利用する場合に、ケアプラン原案を作成せずにサービスの利用が先行していた。同意をサービス提供後に得ていた。

改善・ワンランクアップのためのヒント

> 原則は、同日中にケアプラン原案を作成し、サービス担当者会議を開催するとともに、利用者・家族の同意を得て、ケアプランを交付することです。それらのプロセスをふむように努めたうえでなお、その実践が困難であった場合に、解釈通知では「業務の順序について拘束するものではない」としています（つまり、サービス担当者会議の開催は後でもよいが…）。
> ただし、一連の業務それぞれについては、「事後的に可及的速やかに」実施し、その結果に基づいて居宅サービス計画書を見直すなど、適切に対応することが必要です。
> したがって、その場合にあっても、利用者及び家族に対して、本来ふむべき、サービスの利用手順を説明しておくことが必要であり、その経緯や理由を居宅介護支援経過に残しておきます。

■ "あるある" のその②

・ 必要な項目が網羅されていないケアプラン様式を活用している。

改善・ワンランクアップのためのヒント

> 解釈通知（居宅介護支援）（第2−3−⑻−⑧）に規定されている、ケアプラン原案に盛り込まれる内容が網羅されていない場合があります。事業者の判断により、標準様式とは異なる様式を用いる場合であっても、運営基準・解釈通知に定められている内容を盛り込む必要があります。
>
> ケアプラン原案に盛り込まれる内容（解釈通知（居宅介護支援）第2−3−⑻−⑧）
> ① 提供されるサービスの長期的な目標
> ② ①を達成するための短期的な目標
> ③ ①、②の達成時期など

# 13

## 担当者に対する個別サービス計画の提出依頼

令和6年度
改正なし

ケアプランの実行に際して、居宅サービス事業者等に個別サービス計画の提出を求めてください

> ### わかったつもり…にしない運営基準

○介護支援専門員は、居宅サービス計画に位置づけた居宅サービス事業者等に対して、個別サービス計画の提出を求めるものとされています。

○その目的は、「居宅サービス計画と個別サービス計画との連動性を高め、居宅介護支援事業者とサービス提供事業者の意識の共有を図る」ことにあります。

○居宅サービス計画と個別サービス計画の連動性、整合性の確認については、居宅サービス計画を担当者に交付したときに限らず、必要に応じて行います。

○サービス担当者会議の前に居宅サービス計画原案を担当者に交付したうえで、サービス担当者会議に個別サービス計画案の提供を求め、サービス担当者会議において情報を共有する、サービス内容を調整するなども、連動性、整合性の確保には効果のある方法です。

根拠：運営基準（居宅介護支援）第13条第12号／解釈通知（居宅介護支援）第2-3-(8)-⑬

## 運営指導の "あるある" と改善・ワンランクアップのためのヒント

### ■ "あるある" のその①

・【忘れていた】などの理由から、個別サービス計画の提出を求めていない。また、提出を求めたものの提出されないままで時間が過ぎてしまっている、再三にわたって提出を求めたものの提出を受けられていない。

　　改善・ワンランクアップのためのヒント

> 提出を求めたにもかかわらず、事業者側から提出されなかった場合は、その経緯（いつ、だれに、どのように説明したのか）を居宅介護支援経過に記録しておきます。「担当者に対する個別サービス計画の提出依頼」については、運営基準において明確に「計画の提出を求めるものとする」と規定されています。
> 居宅介護支援経過に記録することが、提出を受けられない正当な理由につながるわけではありませんが、少なくともケアマネジャーが事業者にはたらきかけたことを証明することになります。

### ■ "あるある" のその②

・個別サービス計画の交付を受けていたが、ケアプランとの整合性や連動性を確認せず、計画書を【もっているだけ】となっている。

　　改善・ワンランクアップのためのヒント

> ケアマネジャーには、ケアプランと個別サービス計画との連動性・整合性が確保、担保されているかどうか確認することが求められています。したがって、個別サービス計画の提供を受けることがゴールではないことを、ケアマネジャーは十分に理解しておく必要があります。
> 個別サービス計画の提供を受け、ケアプランとの連動性・整合性が確保されているかどうか確認してこそ、ケアマネジャーとしての責任を果たしているといえます。

■ "あるある"のその③
・ サービス提供事業者は、ケアマネジャーから個別サービス計画を提出するよう求められた場合、それに協力するよう努めるものとされています。にもかかわらず、ケアマネジャーが、サービス提供事業者から、「個別サービス計画がまだできていない」「提出まで待ってください」といわれるケースが、実態として非常に多くみられます。

改善・ワンランクアップのためのヒント

> ① 個別サービス計画の提出を求めたにもかかわらず、「まだできていません」といわれた場合、少なくとも居宅介護支援経過に、いつ、どこで、だれから、そのようにいわれたのか、またその際、いつまでに提出するとしたのか、その内容をとどめておくことが必要です。
> ② もちろん、その「記録」が、ケアマネジャーにとって、連動性と整合性の確認という義務を果たしていないことに対する"免罪符"になるわけではありません。ただ、ケアマネジャーが「行うべきことは行っている」（定められた手続きをしっかりとふんでいる）という証になります。
> ③ 個別サービス計画の提出は、サービス提供事業者にとって「努めるものとする」（努力義務）とされている一方、ケアマネジャーにとってそれは「提出を求めるものとする」とされ、居宅サービス計画と個別サービス計画の連動性と整合性を確認することは、より拘束力の強い義務といえます。
> ④ 個別サービス計画を提出できないという事業者は、逆説的にいえば、運営基準に定められている、個別サービス計画の立案、サービス提供前までの個別サービス計画の説明、利用者の同意、交付という義務を果たしていないことの証明ともいえます。

### さらにワンランク上を目指すために

チームケア、多職種連携の土台となるものが、ケアプランと個別サービス計画です。

個別サービス計画が、ケアプランに位置づけた目標（主に短期目標）を実現するための内容になっているかどうか確認します。具体的には、目標を実現するために、個別サービス計画を通じて、「いつ・だれが・どこで・何を・どのように」行うのかがわかるようになっていることが求められます。個別サービス計画に疑問などがある場合は必ず確認します。サービス事業所に対する問い合わせやサービス担当者との相談は、チームケアをスムーズに展開するための、マネジメントを担当する専

門職としての責任といえるでしょう。

**表　居宅サービス計画と個別サービス計画との関係**

| | 居宅サービス計画の内容に沿った個別サービス計画の作成 | 個別サービス計画の居宅介護支援事業者への提出 |
|---|---|---|
| 訪問介護 | ○ | ○ |
| 訪問入浴介護 | − | − |
| 訪問看護 | ○ | ○ |
| 訪問リハビリテーション | ○ | ○ |
| 居宅療養管理指導 | − | − |
| 通所介護 | ○ | ○ |
| 通所リハビリテーション | ○ | ○ |
| 短期入所生活介護 | ○ | ○ |
| 短期入所療養介護 | ○ | ○ |
| 福祉用具貸与 | ○ | ○（注） |
| 特定福祉用具販売 | ○ | ○ |

注：福祉用具貸与の場合、個別サービス計画（福祉用具貸与計画）の交付はサービス事業者の義務として位置づけられています（運営基準（居宅サービス等）第199条の2第4項／解釈通知（居宅サービス等）第3−11−3−⑶−⑧）。ほかのサービスの場合は、個別サービス計画を「提供することに協力するよう努めるもの」とされ、福祉用具貸与と比較するとやや緩やかな取り扱いになっています。

**column**

## 居宅サービス計画に沿ったサービスの提供

居宅サービス事業者は居宅サービス計画に沿ったサービスを提供しなければなりません

・居宅サービス事業者は、居宅サービス計画が作成されている場合、居宅サービス計画に沿ったサービスを提供しなければなりません。

・また、サービスを提供した際は、その提供日及び内容、居宅介護サービス費の額などを、居宅サービス計画またはサービス利用票に記載しなければなりません。

・居宅療養管理指導、短期入所生活介護、短期入所療養介護を除き、利用者が居宅サービス計画の変更を希望する場合は、居宅介護支援事業者に連絡するなどの必要な援助を行います。

# 14

# 居宅サービス計画の実施状況等の把握及び評価等

令和6年度
改正なし

モニタリング（ケアプランの実施状況の把握や目標評価）を実施し、必要に応じて連絡調整を行ってください

## わかったつもり…にしない運営基準

○介護支援専門員は、居宅サービス計画を作成した後、居宅サービス計画の実施状況を把握し（モニタリング）、必要に応じて居宅サービス計画の変更、居宅サービス事業者等との連絡調整などを行います。

○その際、居宅サービス事業者等から利用者の心身・生活状況にかかわる情報を得たときは、それらのうち、介護支援専門員が医師・歯科医師、薬剤師の助言が必要と判断したものを、医師・歯科医師、薬剤師に提供します。

> 根拠：運営基準（居宅介護支援）第13条第13号・第13号の2
> ／解釈通知（居宅介護支援）第2-3-(8)-⑭

## 運営指導の"あるある"と改善・ワンランクアップのためのヒント

■ "あるある"のその①
・モニタリングの内容が不十分で、モニタリングの目的を果たしていない。

**改善・ワンランクアップのためのヒント**

> モニタリングでは、ケアプランに沿ったサービスが実行されているかどうか（実践度）、ケアプランに掲げた目標に対する状況（達成度）、実践状況と達成状況をふまえた、サービス等の妥当性（適正度）、そして、新しい生活課題がないかを最低限確認することが求められます。

■ "あるある" のその②

・「体重が減ってきている」「薬の飲み忘れがある」「義歯（入れ歯）があっていない」などの情報がサービス担当者からもたらされている、または、モニタリングのために利用者の居宅を訪問した際、ケアマネジャー自身が把握しているにもかかわらず、ケアマネジャーが医師等への報告・連絡・相談が必要かどうか判断していない。

改善・ワンランクアップのためのヒント

「利用者の体重が減ってきている」などの情報を把握しているにもかかわらず、医師等への情報提供がされていないことは、利用者に対するケアの面からもチームケアの面からも改善が求められます。

必要性について判断がつかない場合には、「まず報告してみる」という行動原則にたった実践が求められます。その経過や内容は居宅介護支援経過に記録します。

# 15

## 介護認定審査会意見等の居宅サービス計画への反映

令和6年度改正なし

介護保険被保険者証を確認し、介護認定審査会の意見などがある場合、その内容に沿ってケアプランを作成してください

### わかったつもり…にしない運営基準

○介護支援専門員は、利用者の被保険者証に、介護認定審査会の意見または居宅サービス・地域密着型サービスの種類について記載されている場合には、利用者にその趣旨を説明し、理解を得たうえで、その内容に沿って居宅サービス計画を作成しなければなりません。

> 根拠：運営基準（居宅介護支援）第13条第24号／解釈通知（居宅介護支援）第2-3-(8)-㉕

### 運営指導の "あるある" と改善・ワンランクアップのためのヒント

- **" あるある " のその①**
- ・被保険者証を確認した事実を記録として残していない。第1表から「介護認定審査会の意見及びサービスの種類の指定」の欄を削除している。

  **改善・ワンランクアップのためのヒント**

  「被保険者証を確認する」ことと、「（被保険者証の）コピーが（ケアマネジャーの手元に）ある」ことは似て非なるものです。被保険者証のコピーをケアマネジャーがもっているからといって、それが、ケアマネジャーが（被保険者証に介護認定審査会の意見などが記載されているかどうか）確認したことを示しているわけではありません。

  被保険者証に、介護認定審査会の意見、居宅サービス・地域密着型サービスの種類について記載がないのであれば、例えば、第1表の「介護認

定審査会の意見及びサービスの種類の指定」の欄に「意見なし」「記載なし」と記入するなど、「記載されていなかったこと」がわかるように記録として残しておくことが大切です。

## 16

# 記録の整備

ケアプラン及びケアマネジメントに関する記録を整備し、定められた期間
保存してください

令和6年度
改正

---

わかったつもり…にしない運営基準

○居宅介護支援事業者は、従業者、設備、備品及び会計に関する記録のほか、次の
とおり記録を整備し、その完結の日から2年間保存しなければなりません。

① 居宅サービス事業者等との連絡調整に関する記録

② 利用者ごとの次に掲げる事項を記載した居宅介護支援台帳

・居宅サービス計画

・アセスメントの結果の記録

・サービス担当者会議等の記録

・モニタリングの結果の記録

③ 身体的拘束等の態様及び時間、その際の利用者の心身の状況並びに緊急やむ
を得ない理由の記録

④ 利用者に関する市町村への通知にかかる記録

⑤ 苦情の内容等の記録

⑥ 事故の状況及び事故に際して採った処置についての記録

根拠：運営基準（居宅介護支援）第29条／解釈通知（居宅介護支援）
第2－3－㉕

## 運営指導の "あるある" と改善・ワンランクアップのためのヒント

■ " あるある " のその①

・記録の保存にあたり、「完結の日から」とされているにもかかわらず、契約書等を「作成した日から」としている。

改善・ワンランクアップのためのヒント

> 「完結の日から」と「作成の日から」とでは、非常に大きな違いがあります。個人情報の保護や法令順守の視点からいっても、事業所として「間違えた」で許されることではありません。契約書などを確認のうえ、誤っている場合は、速やかに見直します。
>
> また、保険者によって、保存の期間が異なる（例えば5年間）場合もありますから、確認してください。

■ " あるある " のその②

・記録の保存期間について、1人ひとりについて完結の日から2年間とされているにもかかわらず、年度を単位として保存しており、保存期間が足りていない。

改善・ワンランクアップのためのヒント

> 「年度」を単位とすると、運営基準に定められている「2年間」を満たさない場合があります。
>
> 年度を単位として保存する場合は、確実に「完結日から2年間」を満たすことができるように、内部規定を整えてください（例：完結の日から3年度分の保存）。
>
> なお、記録の保存にあたっては、個人情報の保護の観点から鍵つきの書庫などで大切に保管することが望ましいといえます。

Part3

[知らなかったではすまされない！]
# 実践のための
# ケアプラン作成の
# ルール

# 17

# 居宅サービス計画の届出
## （訪問介護の回数）

令和6年度
改正なし

一定回数以上の「生活援助中心型」をケアプランに位置づける場合、市町村に届出をしてください。その場合、第2表の「サービス内容」に訪問介護が必要な理由を記載します

> わかったつもり…にしない運営基準

○介護支援専門員は、居宅サービス計画にあらかじめ定められた回数（表）以上の訪問介護（生活援助中心型）を位置づける場合は、その妥当性を検討し、居宅サービス計画に訪問介護が必要な理由を記載するとともに、居宅サービス計画を市町村に届け出なければなりません。

○なお、一度市町村が検証した居宅サービス計画の次の届出は1年後で構わないとされています。

| 要介護1 | 要介護2 | 要介護3 | 要介護4 | 要介護5 |
|---|---|---|---|---|
| 27回 | 34回 | 43回 | 38回 | 31回 |

> 根拠：運営基準（居宅介護支援）第13条第18号の2／解釈通知（居宅介護支援）第2-3-(8)-⑳
> 厚生労働大臣が定める回数及び訪問介護（平成30年5月2日厚生労働省告示第218号）

○市町村には、利用者・その家族から同意を得たケアプラン（第1表〜第3表及び第6表・第7表）の写しを届け出ます。

> 根拠：「平成30年度介護報酬改定に関するQ&A（Vol.7）（平成30年11月7日）」の送付について（平成30年11月7日事務連絡）問3

○また、「訪問介護が必要な理由」は、第2表の「サービス内容」に記載します。「訪問介護が必要な理由」が、居宅サービス計画の記載内容からわかる場合、居宅サービス計画のみを提出し、改めて理由書を提出する必要はありません。

> 根拠：「平成30年度介護報酬改定に関するQ＆A（Vol. 1）（平成30年3月23日）」の送付について（平成30年3月23日事務連絡）問134

## 運営指導の"あるある"と改善・ワンランクアップのためのヒント

■ " あるある " のその①

・「訪問介護が必要な理由」がわかるように記載されていない。

### 改善・ワンランクアップのためのヒント

訪問介護（生活援助中心）が必要な場合には、その理由を第2表の「サービス内容」に記載するとされています。そのほか、第2表の「生活全般の解決すべき課題（ニーズ）」の欄に「自立を阻害する要因」として記載することも考えられます。

例：「サービス内容」の欄の場合

【日中1人での暮らしとなるため………】

：「生活全般の解決すべき課題（ニーズ）」の欄の場合

【右手が思うとおりに動かないが………】

■ " あるある " のその②

・数は多くはないものの、市町村への届出を避けたいために、身体介護中心型を不自然に位置づけている。

### 改善・ワンランクアップのためのヒント

適切なアセスメントを通じて、その回数の妥当性が認められれば、ケアプランに位置づけることが可能です。「届出をしたくないから」というケアマネジャー側の理由に利用者を巻き込むことは本末転倒で、絶対にあってはならないことです。

## あわせて確認したい…運営基準

ケアプランの届出（サービス費の総額の区分支給限度基準額に占める割合＋訪問介護がサービス費の総額に占める割合）

　ケアマネジャーは、事業所で作成されたケアプランに位置づけられた指定居宅サービス等にかかる、①居宅介護サービス費、②特例居宅介護サービス費、③地域密着型介護サービス費、④特例地域密着型介護サービス費（サービス費）の総額が居宅介護サービス費等区分支給限度基準額に占める割合及び訪問介護にかかる居宅介護サービス費がサービス費の総額に占める割合が、あらかじめ定められた基準（表）に該当し、かつ、市町村から求められた場合は、そのケアプランの利用の妥当性を検討し、ケアプランに訪問介護が必要な理由等を記載し、また、ケアプランを市町村に届け出なければなりません。

| ①　サービス費の総額が居宅介護サービス費等区分支給限度基準額に占める割合 | 100 分の 70 以上 |
|---|---|
| ②　訪問介護にかかる居宅介護サービス費がサービス費の総額に占める割合 | 100 分の 60 以上 |

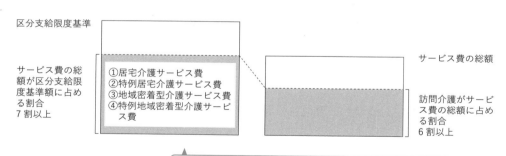

根拠：運営基準（居宅介護支援）第 13 条第 18 号の3／解釈通知（居宅介護支援）第2－3－(8)－㉑

なお、市町村は、ケアプランの第1表、第2表及び第3表の届出を依頼します。市町村からの届出の依頼を受けた居宅介護支援事業所は、指定されたケアプランについて、その利用の妥当性を検討し、ケアプランに訪問介護が必要な理由等を記載したうえで、ケアプランを市町村に届け出ます。理由等は、第2表の「サービス内容」に記載します。

> 根拠：「居宅介護支援事業所単位で抽出するケアプラン検証等
> について（周知）」（令和3年9月22日事務連絡）

# 18

# 主治の医師等の意見等

医療サービスは、主治医が必要性を認めた場合でなければ利用できません

## わかったつもり…にしない運営基準

○医療サービス（表）については、主治の医師等がその必要性を認めたものに限られます。

**表 医療サービス**

- ・訪問看護
- ・訪問リハビリテーション
- ・通所リハビリテーション
- ・居宅療養管理指導
- ・短期入所療養介護
- ・定期巡回・随時対応型訪問介護看護（訪問看護サービスを利用する場合に限る）
- ・看護小規模多機能型居宅介護（訪問看護サービスを利用する場合に限る）

○したがって、介護支援専門員は、医療サービスを居宅サービス計画に位置づける場合、主治の医師または歯科医師（主治の医師等）の指示があることを確認しなければなりません。

○介護支援専門員は、利用者が医療サービスの利用を希望しているなどの場合は、あらかじめ、利用者の同意を得たうえで、主治の医師等の意見を求めることが必要です。

○また、主治の医師等の意見をふまえて作成した居宅サービス計画は、意見を求めた主治の医師等に交付しなければなりません。

○交付の方法については、郵送やメール等によることも差し支えありません。

○意見を求める「主治の医師等」については、要介護認定の申請のために主治医意見書を記載した医師に限定されているわけではありません。特に、訪問リハビリテーション及び通所リハビリテーションについては、退院後のリハビリテーションを早期に開始するため、利用者が入院している医療機関の医師による意見をふまえて、速やかに医療サービスを含む居宅サービス計画を作成することが望ましいとされています。

○医療サービス以外の居宅サービス等を位置づける場合、主治の医師等の医学的観点からの留意事項が示されているときは、留意点を尊重して行います。

> 根拠：運営基準（居宅介護支援）第13条第19号・第19号の2・第20号／解釈通知（居宅介護支援）第2−3−(8)−㉒

---

## 運営指導の“あるある”と改善・ワンランクアップのためのヒント

**■“あるある”のその①**

・主治医等の意見を求めていない、または意見を求めた主治医等にケアプランを交付していない。

　　**改善・ワンランクアップのためのヒント**

> 医療サービスを位置づける際の前提となるルールです。理由のいかんを問わず実践してください。
> また、主治医等の意見については、ケアプラン原案の立案の際、参考にするとともに、サービス担当者会議において紹介します。
> なお、主治医等にケアプランを交付した事実は、居宅介護支援経過に記録することでしかその実践の証明にならないことを忘れないでください。

**■“あるある”のその②**

・医療サービスを位置づける際に求めることとされている主治の医師等の意見を、主治医意見書としているケースが散見されるが、主治医意見書の記入日が2年前であるなど、その作成から時間が経っている。または、利用者の状況が、主治医意見書の記入当時から変化しているにもかかわらず、当時の主治医意見書を主治医の「意見」として医療サービスを位置づけている。

　　**改善・ワンランクアップのためのヒント**

> 主治医意見書が「主治医等の意見」として、利用者の状態等と照らして有効かどうか確認する必要があります。利用者の状況をふまえて考えることが大切です。

# 19

# 福祉用具貸与の居宅サービス計画への反映
## （福祉用具貸与が必要な理由）

福祉用具貸与を利用する妥当性を検討し、必要な理由を、第2表の「生活全般の解決すべき課題」「サービス内容」に記載します。なお、別の用紙（別葉）に記載しても構いません

> ### わかったつもり…にしない運営基準

○介護支援専門員は、居宅サービス計画に福祉用具貸与を位置づける場合、その利用の妥当性を検討し、居宅サービス計画に福祉用具貸与が必要な理由を記載しなければなりません。

○福祉用具貸与と特定福祉用具販売双方の対象になる福祉用具（対象福祉用具）を居宅サービス計画に位置づける場合は、福祉用具貸与または特定福祉用具販売のいずれかを利用者が選択できること、それぞれのメリットとデメリットなどの、必要な情報を提供しなければなりません。なお、対象福祉用具を提案する際の、利用者の心身の状況の確認にあたっては、利用者に対するアセスメントの結果のほか、医師やリハビリテーション専門職などの意見、退院・退所前カンファレンスまたはサービス担当者会議などの結果をふまえることとされています。また、医師の所見については、主治医意見書のほか、診療情報提供書などを通じて得ます。

**表　対象福祉用具（福祉用具貸与・特定福祉用具販売のいずれかを選択できる福祉用具）**

| |
|---|
| ○スロープ<br>　主に敷居などの小さい段差の解消に使用し、頻繁な持ち運びを要しないものをいい、便宜上設置や撤去、持ち運びができる可搬型のものは除く。<br>○歩行器<br>　脚部がすべて杖先ゴムなどの形状となる固定式または交互式歩行器をいい、輪・キャスターがついている歩行車は除く。<br>○歩行補助つえ<br>　カナディアン・クラッチ、ロフストランド・クラッチ、プラットホームクラッチ及び多点杖に限る。 |

根拠：運営基準（居宅サービス等）第199条第2号
　　　厚生労働大臣が定める福祉用具貸与及び介護予防福祉用具貸与に係る福祉用具の種目（平成11年3月31日厚生省告示第93号）
　　　厚生労働大臣が定める特定福祉用具販売に係る特定福祉用具の種目及び厚生労働大臣が定める特定介護予防福祉用具販売に係る特定介護予防福祉用具の種目（平成11年3月31日厚生省告示第94号）

○居宅サービス計画作成後、必要に応じて随時サービス担当者会議を開催し、継続して福祉用具貸与を受ける必要性について検証をしたうえで、継続して福祉用具貸与を受ける必要がある場合にはその理由を居宅サービス計画に記載しなければなりません。その際、対象福祉用具については、福祉用具専門相談員によるモニタリングの結果もふまえることとされています。

> 根拠：運営基準（居宅介護支援）第 13 条第 22 号・第 23 号／解釈通知（居宅介護支援）第 2-3-(8)-㉔

○その場合、第 2 表の「生活全般の解決すべき課題」「サービス内容」に記載します。なお、別の用紙（別葉）に記載しても構いません。

> 根拠：「介護サービス計画書の様式及び課題分析標準項目の提示について」（平成 11 年 11 月 12 日老企発第 29 号）

## 運営指導の"あるある"と改善・ワンランクアップのためのヒント

■"あるある"のその①
・「福祉用具貸与が必要な理由」については、第 2 表の「生活全般の解決すべき課題（ニーズ）」「サービス内容」に記載される必要があるにもかかわらず、「必要な理由」が記載されていない、または、「理由」としてふさわしくない。

### 改善・ワンランクアップのためのヒント

「福祉用具貸与が必要な理由」とは、生活の自立を阻害する要因ということです。

したがって、【なぜ、福祉用具貸与が必要か】を、「生活全般の解決すべき課題（ニーズ）」の欄に記載するとわかります。

例：① 屋外での長距離歩行が難しいが、生活行動範囲を広げたい
　　② 床からの立ち上がりに不安があるが、スムーズな生活動作を確保したい

あわせて確認したい…運営基準

　必要に応じて随時サービス担当者会議を開催し、継続して福祉用具貸与を受ける必要性について検証をしたうえで、継続して福祉用具貸与を受ける必要がある場合にはその理由を居宅サービス計画に記載しなければなりません。その場合、第2表の「生活全般の解決すべき課題」「サービス内容」に記載します。なお、別の用紙（別葉）に記載しても構いません。

> 根拠：「介護サービス計画書の様式及び課題分析標準項目の提示について」（平成 11 年 11 月 12 日老企発第 29 号）

**実践のためのヒント**

　サービス担当者会議開催時（新規サービス導入時・ケアプランの更新・変更時・要介護認定有効期間終了時等）には、そのとき貸与を受けている福祉用具についても「その必要性について検証」します。その場合、第2表に記載する、または、別葉（例：サービス担当者会議の要点）を活用しても構わないでしょう。
○第2表へ記載するとき
例：新たな福祉用具を貸与するとき
　　利用者の状態変化等により貸与の必要性の内容に変更があったとき
○サービス担当者会議の要点へ記載するとき
例：すでに貸与している福祉用具について、その必要性を検証する場合で「変化なし」のとき

# 福祉用具貸与の
# 居宅サービス計画への反映
## （軽度者に対する福祉用具貸与）

医学的な所見によって一定の要件を満たす場合に要介護1の利用者は福祉用具貸与を利用できます。
保険者によっては、「理由書」の提出を求めている場合がありますので、確認してください

原則

## わかったつもり…にしない運営基準

○要介護1の利用者は、車いすなど、その状態像からみて使用が想定しにくい福祉用具（対象外種目（表））については、原則として福祉用具貸与費を算定できません。ただし、日常的に歩行や起き上がり、寝返りなどが難しい場合には、福祉用具貸与費の算定が可能です。

○福祉用具貸与が利用できるかどうか、基本調査の直近の結果を用いてその要否を判断します。

○介護支援専門員は、要介護1の利用者（軽度者）のケアプランに対象外種目の福祉用具貸与を位置づける場合は、福祉用具貸与費の算定ができる状態像（表）にあることを確認するため、認定調査票の必要な部分の写し（基本調査の結果）を市町村から入手しなければなりません。また、その写しを福祉用具貸与事業者へ提示することについて利用者の同意を得たうえで、福祉用具貸与事業者へ送付する必要があります。

> 根拠：運営基準（居宅介護支援）第13条第22号・第23号／解釈通知（居宅介護支援）第2−3−(8)−㉔

表　要介護1の利用者の使用が想定しにくい福祉用具（対象外種目）

| | |
|---|---|
| ① 車いす | ⑥ 体位変換器 |
| ② 車いす付属品 | ⑦ 認知症老人徘徊感知機器 |
| ③ 特殊寝台 | ⑧ 移動用リフト（つり具の部分を除く） |
| ④ 特殊寝台付属品 | ⑨ 自動排泄処理装置（尿のみを自動的に吸引する機能のものを除く） |
| ⑤ 床ずれ防止用具 | |

注：自動排泄処理装置（尿のみを自動的に吸引する機能のものを除く）については、要介護1のほか、要介護2、3の利用者に対しても原則対象外です。

**表　福祉用具貸与費の算定ができる状態像**

| 対象外種目 | 福祉用具貸与費の算定ができる状態像（厚生労働省告示第94号第31号のイ） | 基本調査の結果それぞれ次の場合に利用できる |
|---|---|---|
| 車いす及び車いす付属品 | 次のいずれかに該当する者<br>① 日常的に歩行が困難な者 | 基本調査1-7「歩行」<br>「3．できない」 |
| | ② 日常生活範囲における移動の支援が特に必要と認められる者 | － |
| 特殊寝台及び特殊寝台付属品 | 次のいずれかに該当する者<br>① 日常的に起きあがりが困難な者 | 基本調査1-4「起き上がり」<br>「3．できない」 |
| | ② 日常的に寝返りが困難な者 | 基本調査1-3「寝返り」<br>「3．できない」 |
| 床ずれ防止用具及び体位変換器 | 日常的に寝返りが困難な者 | 基本調査1-3「寝返り」<br>「3．できない」 |
| 認知症老人徘徊感知機器 | 次のいずれにも該当する者<br>① 意見の伝達、介護を行う者への反応、記憶または理解のいずれかに支障がある者 | 基本調査3-1　意思の伝達<br>「1．調査対象者が意見を他者に伝達できる」以外<br>または<br>基本調査3-2「毎日の日課を理解」〜3-7「場所の理解（自分がいる場所を答える）」のいずれか<br>「2．できない」<br>または<br>基本調査3-8「徘徊」〜4-15「話がまとまらず、会話にならない」のいずれか<br>「1．ない」以外<br>その他、主治医意見書において、認知症の症状がある旨が記載されている場合も含む。 |
| | ② 移動において全介助を必要としない者 | 基本調査2-2「移動」<br>「4．全介助」以外 |
| 移動用リフト（つり具の部分を除く） | 次のいずれかに該当する<br>① 日常的に立ち上がりが困難な者 | 基本調査1-8「立ち上がり」<br>「3．できない」 |
| | ② 移乗において一部介助または全介助を必要とする者 | 基本調査2-1「移乗」<br>「3．一部介助」または「4．全介助」 |
| | ③ 生活環境において段差の解消が必要と認められる者 | － |
| 自動排泄処理装置 | 次のいずれにも該当する者<br>① 排便において全介助を必要とする者 | 基本調査2-6「排便」<br>「4．全介助」 |
| | ② 移乗において全介助を必要とする者 | 基本調査2-1「移乗」<br>「4．全介助」 |

注：「日常生活範囲における移動の支援が特に必要と認められる者」及び「生活環境において段差の解消が必要と認められる者」については、該当する基本調査結果がないため、主治の医師から得た情報及び福祉用具専門相談員のほか軽度者の状態像について適切な助言が可能な者が参加するサービス担当者会議等を通じた適切なケアマネジメントにより居宅介護支援事業者が判断することとなります。

根拠：厚生労働大臣が定める基準に適合する利用者等（厚生労働省告示第94号）第31号／留意事項通知（訪問通所サービス等）第2－9－(4)－①

## ■ さらにワンランク上を目指すために

○「基本調査の結果」にかかわらず、軽度者へ福祉用具貸与を行う際は、次の①〜③のいずれかに該当することが医師の医学的な所見に基づき判断されており、かつ、サービス担当者会議等を通じた適切なケアマネジメントにより福祉用具貸与が特に必要であることが判断されている場合は、市町村が書面などの確実な方法で確認し、その要否を判断することができます。医師の医学的な所見については、主治医意見書のほか、医師の診断書を通じて、または医師から聴取することによって確認します。

① 疾病その他の原因により、状態が変動しやすく、日によってまたは時間帯によって頻繁に表（福祉用具貸与費の算定ができる状態像）にあてはまる者（例：パーキンソン病の治療薬による ON・OFF 現象）

② 疾病その他の原因により、状態が急速に悪化し、短期間のうちに表（福祉用具貸与費の算定ができる状態像）にあてはまることが確実に見込まれる者（例：がん末期の急速な状態悪化）

③ 疾病その他の原因により、身体への重大な危険性または症状の重篤化の回避等医学的判断から表（福祉用具貸与費の算定ができる状態像）にあてはまると判断できる者（例：ぜんそく発作等による呼吸不全、心疾患による心不全、嚥下障害による誤嚥性肺炎の回避）

○介護支援専門員は、医師の所見及び医師の名前を居宅サービス計画に記載しなければなりません。

> 根拠：運営基準（居宅介護支援）第 13 条第 22 号・第 23 号／解釈通知（居宅介護支援）第 2−3−(8)−㉔
> 留意事項通知（訪問通所サービス等）第 2−9−(4)−①−ウ

### 改善・ワンランクアップのためのヒント

解釈通知では、医師の医学的な所見を確認する方法の 1 つとして主治医意見書による方法をあげていますが、主治医意見書の記入日と利用者の状態を照らし合わせ、医師の医学的な所見を確認する方法として適切かどうか検討することが必要です（例：主治医意見書の記入日が 2 年前のもので、現在の利用者像とは違うとケアマネジャーからも判断できる場合）。

## 運営指導の "あるある" と改善・ワンランクアップのためのヒント

■ " あるある " のその①

・「基本調査の結果」にかかわらず、軽度者へ福祉用具貸与を行う際は、「医師の医学的な所見」及び「医師の名前」をケアプランに記載しなければならないのにもかかわらず、医師の医学的所見を確認していない、または、所見や医師名の記載がない。

　　　改善・ワンランクアップのためのヒント

> 医師の医学的な所見は、主治医意見書、医師の診断書、医師から聴取のいずれかで確認しますが、運営基準に示されている①～③に該当することが確認できることが重要です。
> なお、ケアプランに記載するにあたっては、第1表の「総合的な援助の方針」欄や第2表の「サービス内容」欄を活用することも考えられます。
> 例：「総合的な援助の方針」欄
> 　　⇒　ぜんそくによる呼吸不全があるが、急激な動きをしないという医師の所見に基づき、生活時の活動量に留意し（息切れしない程度）、電動ベッドを活用します。
> 例：「サービス内容」欄
> 　　⇒　電動ベッドを貸与し、ベッドからの起き上がりをスムーズにします。
> 　　（医師所見）呼吸不全に留意し、息切れを起こすような活動に注意を払う。

## 「書面等確実な方法」による市町村の確認

・「基本調査の結果」にかかわらず、軽度者へ福祉用具貸与を行う場合（軽度者への福祉用具貸与の例外給付）については、「市町村が書面等確実な方法により確認することにより、その要否を判断することができる」とされています。

・この場合の「医師の医学的な所見」については、主治医意見書によるほか、医師の診断書、医師の所見が記載された居宅サービス計画による確認があげられていますが、保険者によっては、「理由書」の提出が求められる場合があります。保険者に対する確認が必要です。

# 21

# 特定福祉用具販売の居宅サービス計画への反映

令和6年度
改正

特定福祉用具販売を利用する妥当性を検討し、必要な理由を記載してください。その場合、第2表の「生活全般の解決すべき課題」「サービス内容」に記載します。なお、別の用紙（別葉）に記載しても構いません

## わかったつもり…にしない運営基準

○介護支援専門員は、居宅サービス計画に特定福祉用具販売を位置づける場合、その利用の妥当性を検討し、居宅サービス計画に特定福祉用具販売が必要な理由を記載しなければなりません。

○福祉用具貸与と特定福祉用具販売双方の対象になる福祉用具（対象福祉用具）を居宅サービス計画に位置づける場合は、福祉用具貸与または特定福祉用具販売のいずれかを利用者が選択できること、それぞれのメリットとデメリットなどの、必要な情報を提供しなければなりません。なお、対象福祉用具を提案する際の、利用者の心身の状況の確認にあたっては、利用者に対するアセスメントの結果のほか、医師やリハビリテーション専門職などの意見、退院・退所前カンファレンスまたはサービス担当者会議などの結果をふまえることとされています。また、医師の所見については、主治医意見書のほか、診療情報提供書などを通じて得ます。

> 根拠：運営基準（居宅介護支援）第13条第22号・第23号／解釈通知（居宅介護支援）第2−3−(8)−㉔

○なお、理由については、別の用紙（別葉）に記載することもできます。

> 根拠：「介護サービス計画書の様式及び課題分析標準項目の提示について」（平成 11 年 11 月 12 日老企発第 29 号）

**表　対象福祉用具（福祉用具貸与・特定福祉用具販売のいずれかを選択できる福祉用具）**

○スロープ
　主に敷居などの小さい段差の解消に使用し、頻繁な持ち運びを要しないものをいい、便宜上設置や撤去、持ち運びができる可搬型のものは除く。
○歩行器
　脚部がすべて杖先ゴムなどの形状となる固定式または交互式歩行器をいい、輪・キャスターがついている歩行車は除く。
○歩行補助つえ
　カナディアン・クラッチ、ロフストランド・クラッチ、プラットホームクラッチ及び多点杖に限る。

根拠：運営基準（居宅サービス等）第 199 条第 2 号
　　　厚生労働大臣が定める福祉用具貸与及び介護予防福祉用具貸与に係る福祉用具の種目（平成 11 年 3 月 31 日厚生省告示第 93 号）
　　　厚生労働大臣が定める特定福祉用具販売に係る特定福祉用具の種目及び厚生労働大臣が定める特定介護予防福祉用具販売に係る特定介護予防福祉用具の種目（平成 11 年 3 月 31 日厚生省告示第 94 号）

## 運営指導の“あるある”と改善・ワンランクアップのためのヒント

■ “あるある”のその①

・特定福祉用具販売をケアプランに位置づける場合、「特定福祉用具販売が必要な理由」を記載しなければならないにもかかわらず、その理由がケアプランに記載されていない、または、理由として適切でない。

　　改善・ワンランクアップのためのヒント

改まって「特定福祉用具販売が必要な理由」を記載する必要はありません。第 2 表の「生活全般の解決すべき課題（ニーズ）」として位置づけることで足ります。
例：浴室手すり等
　　⇒　自宅の浴室が滑りやすいが、転ばずに入浴したい
　　ポータブルトイレ
　　⇒　夜間、自宅のトイレまでの移動は難しいが、トイレは自分の力で行いたい。

# 22

# 特定事業所加算
## （介護報酬）

令和6年度
改正

特定事業所加算（介護報酬）の算定には、インフォーマルサポートをケアプランに位置づけます（要件⑬）

> わかったつもり…にしない運営基準

■ **特定事業所加算の算定要件**

特定事業所加算の要件は次のとおりです（①及び②のただし書、⑧は、令和6年度介護報酬改定により追加または見直しのあった部分）。

① 専ら指定居宅介護支援の提供に当たる常勤の主任介護支援専門員を配置していること（ただし、利用者に対する居宅介護支援の提供に支障がない場合は、居宅介護支援事業所の他の職務と兼務をし、または同一敷地内にある他の事業所の職務と兼務をしても差し支えないものとされています）

② 専ら指定居宅介護支援の提供に当たる常勤の介護支援専門員を配置していること（ただし、利用者に対する居宅介護支援の提供に支障がない場合は、居宅介護支援事業所の他の職務と兼務をし、または同一敷地内にある介護予防支援事業所の職務と兼務をしても差し支えないものとされています）

③ 利用者に関する情報またはサービス提供に当たっての留意事項にかかる伝達等を目的とした会議を定期的に開催すること

④ 24時間連絡体制を確保し、かつ、必要に応じて利用者等の相談に対応する体制を確保していること

⑤ 算定日が属する月の利用者の総数のうち、要介護状態区分が要介護3、要介護4または要介護5である者の占める割合が100分の40以上であること

⑥ 当該指定居宅介護支援事業所における介護支援専門員に対し、計画的に研修を実施していること

⑦ 地域包括支援センターから支援が困難な事例を紹介された場合においても、当該支援が困難な事例にかかる者に指定居宅介護支援を提供していること

⑧ 家族に対する介護等を日常的に行っている児童や、障害者、生活困窮者、難病患者等、高齢者以外の対象者への支援に関する知識等に関する事例検討会、研修等に参加していること

⑨　居宅介護支援費にかかる特定事業所集中減算の適用を受けていないこと

⑩　指定居宅介護支援事業所において指定居宅介護支援の提供を受ける利用者数が当該指定居宅介護支援事業所の介護支援専門員1人当たり **45名未満**（居宅介護支援費(Ⅱ)を算定している場合は **50名未満**）であること

⑪　介護支援専門員実務研修における科目「ケアマネジメントの基礎技術に関する実習」等に協力または協力体制を確保していること

⑫　他の法人が運営する指定居宅介護支援事業者と共同で事例検討会、研修会等を実施していること

⑬　必要に応じて、多様な主体により提供される利用者の日常生活全般を支援するサービス（インフォーマルサービスを含む）が包括的に提供されるような居宅サービス計画を作成していること

> 根拠：厚生労働大臣が定める基準（厚生労働省告示第95号）第84号
> 留意事項通知（訪問通所サービス等）第3-14

**表　特定事業所加算の算定要件**

| | 特定事業所加算 | | | |
|---|---|---|---|---|
| | （Ⅰ） | （Ⅱ） | （Ⅲ） | （A） |
| ①　常勤の主任介護支援専門員 | 2名以上 | 1名以上 | 1名以上 | 1名以上 |
| ②　常勤の介護支援専門員 | 3名以上 | 3名以上 | 2名以上 | 常　勤：1名以上<br>非常勤：1名以上 |
| ③　会議の定期的な開催 | ○ | ○ | ○ | ○ |
| ④　24時間の連絡体制 | ○ | ○ | ○ | ○<br>連携でも可 |
| ⑤　要介護3、4または5の利用者の占める割合が100分の40以上 | ○ | × | × | × |
| ⑥　計画的な研修の実施 | ○ | ○ | ○ | ○<br>連携でも可 |
| ⑦　支援困難ケースの受け入れ | ○ | ○ | ○ | ○ |
| ⑧　事例検討会、研修への参加 | ○ | ○ | ○ | ○ |
| ⑨　特定事業所集中減算を受けていない | ○ | ○ | ○ | ○ |
| ⑩　介護支援専門員1人当たりの利用者数が45名（50名）未満 | ○ | ○ | ○ | ○ |
| ⑪　「実習」への協力、協力体制の確保 | ○ | ○ | ○ | ○<br>連携でも可 |
| ⑫　他の法人との事例検討会等の実施 | ○ | ○ | ○ | ○<br>連携でも可 |
| ⑬　多様な主体が提供する生活支援サービスを位置づけた居宅サービス計画の作成 | ○ | ○ | ○ | ○ |

■ 介護支援専門員に対する計画的な研修の実施（⑥）

　事業所における介護支援専門員の資質向上のための研修体系と研修実施のための勤務体制の確保を定めるとともに、介護支援専門員に対する個別具体的な研修の目標、内容、研修期間、実施時期等について、毎年度少なくとも次年度が始まるまでに次年度の計画を定めなければなりません。

■ 介護支援専門員1人当たりの利用者数が 45 名（50 名）未満（⑩）

　利用者数については、原則として事業所単位で平均して介護支援専門員１名当たり 45 名未満（居宅介護支援費（Ⅱ）を算定している場合は 50 名未満）であれば差し支えありません。ただし、不当に特定の者に偏るなど、適切なケアマネジメントに支障がでることがないよう配慮しなければなりません。

> 根拠：留意事項通知（訪問通所サービス等）第3－14

■ 多様な主体により提供される利用者の日常生活全般を支援するサービスを位置づけた居宅サービス計画の作成（⑬）

　「多様な主体により提供される利用者の日常生活全般を支援するサービス」とは、介護給付等対象サービス以外の保健医療サービスまたは福祉サービス、当該地域の住民による自発的な活動によるサービス等のことをいいます。

　なお、必要性を検討した結果、「多様な主体により提供される利用者の日常生活全般を支援するサービス」を位置づけた居宅サービス計画が、事業所のすべての居宅サービス計画のうち１件もない場合についても算定できるとされています。その場合、その理由を説明できるようにしておく必要があります。

> 根拠：「令和3年度介護報酬改定に関する Q&A（Vol. 3）（令和3年3月26日）」の送付について（令和3年3月26日事務連絡）問113及び114

---

### column

## 常勤かつ専従の主任介護支援専門員／常勤かつ専従の介護支援専門員

　特定事業所加算の算定要件のひとつである、常勤の主任介護支援専門員、介護支援専門員の配置にあたっては、利用者に対する居宅介護支援の提供に支障がない場合は、「当該指定居宅介護支援事業所の他の職務」と兼務をすることができるとされています。

　「当該指定居宅介護支援事業所の他の職務」とは、地域包括支援センターの設置者である指定介護予防支援事業者から委託を受けて指定介護予防支援を提供する場合や、地域包括支援センターの設置者から委託を受けて総合相談支援事業を行う場合などが考えられるとされています。

根拠：留意事項通知（訪問通所サービス等）第 3－14

## あわせて確認したい…運営基準

　居宅サービス計画の作成（または変更）にあたり、介護支援専門員は、介護給付等対象サービス以外の保健医療サービスや福祉サービス、地域の住民による自発的な活動によるサービス等の利用も含めて居宅サービス計画上に位置づけるよう努めなければなりません。

> 根拠：運営基準（居宅介護支援）第13条第4号／解釈通知（居宅介護支援）第2－3－(8)－⑤

## 運営指導の"あるある"と改善・ワンランクアップのためのヒント

■ "あるある"のその①
・特定事業所加算を算定しているにもかかわらず、「多様な主体により提供される利用者の日常生活全般を支援するサービス」が検討されていない、または検討したことがわかる記録がない（要件⑬）。

　　改善・ワンランクアップのためのヒント

「多様な主体により提供される利用者の日常生活全般を支援するサービス」がケアプランに位置づけられていないからといって、ただちに特定事業所加算の算定ができなくなるというわけではありません。
ケアプラン原案の作成にあたり、「多様な主体により提供される利用者の日常生活全般を支援するサービス」の導入を検討したこと、検討したものの導入には至らなかった経緯、その判断の根拠を明らかにすることが大切です。2021（令和3）年3月26日付けの事務連絡には、「多様な主体により提供される利用者の日常生活全般を支援するサービス」を位置づけた居宅サービス計画が1件もない場合についても算定できるとされています。ただし、その場合、その理由を説明できるようにしておく必要があります。これは口頭で説明するという意味ではなく、文章等をもってと解釈しておくことが妥当と考えます。そのプロセスについて次のような方法（記録）が求められます。
・検討に至った経緯（自宅の近くに外出できる場所がないか）
・実現性への確認（徒歩で行ける範囲にサロンなどがないかどうか、地域包括支

援センターに確認）
- **実現への判断**（徒歩で行くことができる範囲より少し超えた場所にサロンがあるが、1人で歩いていくなどは難しく、移動方法としてボランティアなどによる付き添いなどを検討したもののマッチングに至らなかった）

column

## 地域ケア会議への協力

居宅介護支援事業者は、地域ケア会議から、資料や情報の提供など必要な協力の求めがあった場合には、これに協力するよう努めなければなりません。
根拠：運営基準（居宅介護支援）第13条第27号／解釈通知（居宅介護支援）第2−3−(8)−㉘

- 特定事業所加算の算定にあたっては、地域包括支援センターとのかかわりが求められています。
- 解釈通知では、居宅介護支援事業者は、地域ケア会議の「趣旨・目的に鑑み、より積極的に協力することが求められる」としています。事業者は、求められた場合には最大限の協力をするべきでしょう。地域包括支援センターや市町村が中心となった自立支援型地域ケア会議が増えてきています。これは、運営指導、ケアプラン点検を含めた、ケアマネジャーに対する支援、ケアマネジャーの質の向上に対する支援の一環ということができます。
- したがって、事業者は特段の事情がない限り、協力を惜しまずいたいところです。地域ケア会議への参加をネガティブにとらえるのでなく、それが、自らの事業所の取り組みの正当性を証明することにつながるという姿勢、構えでいることが望ましいといえるでしょう。
- 地域ケア会議においては、第三者の専門家に「ケアプラン」を説明し、さらに、その妥当性等についても説明することとなります。そのような意味においても、ケアプランの原点である、「利用者の計画であること」、だからこそ、「わかりやすくかつ具体的であること」が求められます。また、地域ケア会議においては、ケース紹介（ケアプランの説明を含む）も重要な要素であり、求められるスキルとなりますので、「説明力」が大切になります。

# 運営基準減算
## （介護報酬）

運営基準減算（介護報酬）の状態が続く限り、2か月目以降、所定単位数は算定できません

---

> わかったつもり…にしない運営基準

○運営基準第4条（内容及び手続きの説明及び同意）第2項及び第13条（指定居宅介護支援の具体的取扱方針）のうち、次の規定に適合していない場合、運営基準減算が適用されます（居宅サービス計画を変更する場合にあたっても同様です）。

運営基準減算の対象になる規定
・第4条第2項：内容及び手続きの説明及び同意
・第13条第7号：課題分析における留意点
・第13条第9号：サービス担当者会議等による専門的意見の聴取
・第13条第10号：居宅サービス計画の説明及び同意
・第13条第11号：居宅サービス計画の交付
・第13条第14号：モニタリングの実施
・第13条第15号：居宅サービス計画の変更の必要性についてのサービス担当者会議等による専門的意見の聴取

> 根拠：厚生労働大臣が定める基準（厚生労働省告示第95号）第82号
> 留意事項通知（訪問通所サービス等）第3−6

表の見方
減　　　算：運営基準減算の対象。できなければ減算
義　　　務：運営基準で、「義務」として定められているもの。しなければならないこと
努力義務：運営基準で、「努力義務」として定められているもの。取り組むことが望ましい

## 第4条　内容及び手続きの説明と同意

| 第1項 義務 | 居宅介護支援の提供の開始に際し、あらかじめ、利用申込者またはその家族に対し、重要事項説明書を交付して説明を行い、居宅介護支援の提供の開始について利用申込者の同意を得なければならない。 |
|---|---|
| 第2項 減算 | 居宅介護支援の提供の開始に際し、あらかじめ、利用者またはその家族に対し、次の①～③について、説明を行い、理解を得なければならない。<br>①　居宅サービス計画が、基本方針及び利用者の希望に基づき作成されるものであること<br>②　利用者は複数の指定居宅サービス事業者等を紹介するよう求めることができること<br>③　居宅サービス計画原案に位置づけた指定居宅サービス事業者等の選定理由の説明を求めることができること |
| 第3項 努力 | 居宅介護支援の提供の開始に際し、あらかじめ、利用者またはその家族に対し、次の①及び②について説明し、理解を得るよう努めなければならない。<br>①　前（過去）6か月の間に、居宅介護支援事業所において作成された居宅サービス計画の総数のうち、訪問介護、通所介護、福祉用具貸与及び地域密着型通所介護（訪問介護等）がそれぞれ位置づけられた居宅サービス計画の数が占める割合<br>②　前（過去）6か月の間に、居宅介護支援事業所において作成された居宅サービス計画に位置づけられた訪問介護、通所介護、福祉用具貸与及び地域密着型通所介護それぞれの回数のうち、同一の居宅サービス事業者または地域密着型サービス事業者によって提供されたものが占める割合（上位3位まで）など |
| 第4項 義務 | 居宅介護支援の提供の開始に際し、あらかじめ、利用者またはその家族に対し、利用者に入院が必要になった場合に、介護支援専門員の氏名及び連絡先を、入院先の病院または診療所に伝えるよう求めなければならない。 |

## 第13条　指定居宅介護支援の具体的取扱方針

| 第1号 | **介護支援専門員による居宅サービス計画の作成**<br>管理者は、介護支援専門員に居宅サービス計画の作成に関する業務を担当させるものとする。 |
|---|---|
| 第2号 | **指定居宅介護支援の基本的留意点**<br>・居宅介護支援の提供にあたっては、懇切丁寧に行う。<br>・利用者またはその家族に対し、サービスの提供方法等について、理解しやすいように説明を行う。 |
| 第2号の2<br>第2号の3<br>義務 | **身体的拘束等の原則禁止や身体的拘束等を行う場合の記録**<br>・居宅介護支援の提供にあたっては、利用者または他の利用者などの生命または身体を保護するため緊急やむを得ない場合を除き、身体的拘束その他利用者の行動を制限する行為（身体的拘束等）を行ってはならない。<br>・身体的拘束等を行う場合には、その態様及び時間、その際の利用者の心身の状況並びに緊急やむを得ない理由を記録しなければならない。 |
| 第3号 義務 | **継続的かつ計画的な指定居宅サービス等の利用**<br>居宅サービス計画の作成にあたっては、継続的かつ計画的に居宅サービスなどの利用が行われるようにしなければならない。 |
| 第4号 努力 | **総合的な居宅サービス計画の作成**<br>居宅サービス計画の作成にあたっては、保険給付の対象とならない保健医療サービス・福祉サービス、地域の住民による自発的な活動によるサービスなどの利用も含めて位置づけるよう努めなければならない。 |
| 第5号 | **利用者自身によるサービスの選択**<br>居宅サービス計画の作成の開始にあたっては、地域における事業者などに関するサービスの内容、利用料などの情報を適正に利用者またはその家族に対して提供する。 |

| | |
|---|---|
| 第6号<br>義務 | **課題分析の実施**<br>居宅サービス計画の作成にあたっては、適切な方法により、利用者が抱える問題点を明らかにし、自立した日常生活を営むことができるように支援するうえで解決すべき課題を把握しなければならない。 |
| 第7号<br>減算 | **課題分析における留意点**<br>解決すべき課題の把握（アセスメント）にあたっては、利用者の居宅を訪問し、利用者及びその家族に面接して行わなければならない。その際、面接の趣旨を利用者及びその家族に対して十分に説明し、理解を得なければならない。 |
| 第8号<br>義務 | **居宅サービス計画原案の作成**<br>介護支援専門員は、利用者の希望及びアセスメントの結果に基づき、居宅サービス計画の原案を作成しなければならない。 |
| 第9号<br>減算 | **サービス担当者会議等による専門的意見の聴取**<br>介護支援専門員は、サービス担当者会議の開催を通じて、利用者に関する情報を担当者と共有するとともに、居宅サービス計画の原案の内容について、担当者から、専門的な見地からの意見を求める。 |
| 第10号<br>減算 | **居宅サービス計画の説明及び同意**<br>介護支援専門員は、居宅サービス計画の原案の内容を利用者またはその家族に対して説明し、文書により利用者の同意を得なければならない。 |
| 第11号<br>減算 | **居宅サービス計画の交付**<br>介護支援専門員は、居宅サービス計画を利用者及び担当者に交付しなければならない。 |
| 第12号 | **担当者に対する個別サービス計画の提出依頼**<br>介護支援専門員は、居宅サービス計画に位置づけた居宅サービス事業者などに対して、個別サービス計画の提出を求めるものとする。 |
| 第13号<br>第13号の2 | **居宅サービス計画の実施状況等の把握及び評価等**<br>・介護支援専門員は、居宅サービス計画の作成後、居宅サービス計画の実施状況の把握（モニタリング）を行い、必要に応じて居宅サービス計画の変更などを行う。<br>・居宅サービス事業者などから提供された、利用者の服薬の状況、口腔機能といった心身・生活の状況に関する情報を、利用者の同意を得て主治医（歯科医師）、薬剤師に提供する。 |
| 第14号<br>減算 | **モニタリングの実施**<br>介護支援専門員は、あらかじめ定められた頻度と方法によってモニタリングを行わなければならない。 |
| 第15号<br>減算 | **居宅サービス計画の変更の必要性についてのサービス担当者会議等による専門的意見の聴取**<br>介護支援専門員は、①要介護更新認定を受けた場合、②要介護状態区分の変更の認定を受けた場合は、サービス担当者会議の開催を通じて、居宅サービス計画の変更の必要性について、担当者から、専門的な見地からの意見を求めるものとする。 |
| 第16号 | **居宅サービス計画の変更**<br>第3号から第12号までの規定は、居宅サービス計画の変更について準用する。 |
| 第17号 | **介護保険施設への紹介その他の便宜の提供**<br>介護支援専門員は、利用者が居宅で日常生活を営むことが困難となったと認める場合、介護保険施設への紹介その他の便宜の提供を行うものとする。 |
| 第18号 | **介護保険施設との連携**<br>介護支援専門員は、利用者の退院・退所にあたり、居宅における生活へ円滑に移行できるよう、あらかじめ、居宅サービス計画の作成などの援助を行う。 |
| 第18号の2<br>義務 | **居宅サービス計画の届出**<br>介護支援専門員は、居宅サービス計画に一定回数以上の生活援助中心型の訪問介護を位置づける場合、その妥当性を検討し、居宅サービス計画に必要な理由を記載するとともに、居宅サービス計画を市町村に届け出なければならない。 |

| | |
|---|---|
| 第 18 号の 3<br>義務 | **居宅サービス計画の届出**<br>介護支援専門員は、事業所で作成された居宅サービス計画に位置づけられた「サービス費」の総額が居宅介護サービス費等区分支給限度基準額に占める割合及び訪問介護にかかる居宅介護サービス費がサービス費の総額に占める割合が一定の基準に該当する場合であって、かつ、市町村からの求めがあった場合には、居宅サービス計画の利用の妥当性を検討し、居宅サービス計画に訪問介護が必要な理由等を記載するとともに、居宅サービス計画を市町村に届け出なければならない。 |
| 第 19 号<br>義務<br>第 19 号の 2<br>義務<br>第 20 号 | **主治の医師等の意見等**<br>・利用者が医療サービスの利用を希望している場合、利用者の同意を得て主治医などの意見を求めなければならない。<br>・居宅サービス計画を作成した際は、主治医などに交付しなければならない。<br>・居宅サービス計画に医療サービスを位置づける場合、主治医などの指示がある場合に限りこれを行う。医療サービス以外の居宅サービスなどを位置づける場合、主治医などから医学的観点に基づく留意事項が示されているときは、その留意点を尊重してこれを行う。 |
| 第 21 号<br>義務 | **短期入所生活介護及び短期入所療養介護の居宅サービス計画への位置づけ**<br>介護支援専門員は、居宅サービス計画に短期入所生活介護または短期入所療養介護を位置づける場合、その利用日数が要介護認定の有効期間のおおむね半数を超えないようにしなければならない。 |
| 第 22 号<br>義務<br>第 23 号<br>義務 | **福祉用具貸与及び特定福祉用具販売の居宅サービス計画への反映**<br>・介護支援専門員は、居宅サービス計画に福祉用具貸与を位置づける場合、その利用の妥当性を検討し、福祉用具貸与が必要な理由を記載するとともに、必要に応じて随時サービス担当者会議を開催し、継続して福祉用具貸与を受ける必要性について検証をしたうえで、継続して福祉用具貸与を受ける必要がある場合にはその理由を居宅サービス計画に記載しなければならない。<br>・介護支援専門員は、居宅サービス計画に特定福祉用具販売を位置づける場合、その利用の妥当性を検討し、特定福祉用具販売が必要な理由を記載しなければならない。 |
| 第 24 号<br>義務 | **認定審査会意見等の居宅サービス計画への反映**<br>介護支援専門員は、利用者が提示する被保険者証に、認定審査会意見または居宅サービス・地域密着型サービスの種類についての記載がある場合には、利用者にその趣旨を説明し、理解を得たうえで、その内容に沿って居宅サービス計画を作成しなければならない。 |
| 第 25 号 | **指定介護予防支援事業者との連携**<br>介護支援専門員は、要介護認定を受けている利用者が要支援認定を受けた場合、必要な情報を提供するなど、介護予防支援事業者との連携を図るものとする。 |
| 第 26 号<br>義務 | **指定介護予防支援業務の受託に関する留意点**<br>介護予防支援業務の受託にあたっては、その業務量等を勘案し、居宅介護支援の業務が適正に実施できるよう配慮しなければならない。 |
| 第 27 号<br>努力 | **地域ケア会議への協力**<br>指定居宅介護支援事業者は、地域ケア会議から、個別のケアマネジメントの事例の提供の求めがあった場合、これに協力するよう努めなければならない。 |

○運営基準減算に該当する場合、所定単位数の100分の50を算定し（このとき、初回加算及び特定事業所加算は算定できません）、2か月以上継続している場合、所定単位数は算定しません。この場合、減算の適用月は2月目からとなります。

　例）4月：50／100減算適用

　　　5月及び6月：（減算の状態が続く限り）算定しない。

> 根拠：平成21年4月改定関係Q&A（Vol.1）（平成21年3月23日）
>    問72

○居宅サービス計画の説明及び同意（第13条第10号）／居宅サービス計画の交付（第13条第11号）

居宅サービス計画の新規作成及びその変更にあたり、介護支援専門員が、居宅サービス計画の原案の内容について利用者・家族に説明し、文書により利用者の同意を得たうえで、居宅サービス計画を利用者及び担当者に交付していない場合に、居宅サービス計画にかかる月（当該月）からその状態が解消されるに至った月の前月まで減算されます。

> 根拠：留意事項通知（訪問通所サービス等）第3－6－(2)

## 運営指導の"あるある"と改善・ワンランクアップのためのヒント

■ "あるある"のその①

・居宅サービス計画の変更にあたり、口頭（電話）のみで利用者及び家族に説明し、同意を得ていた。

### 改善・ワンランクアップのためのヒント

ケアプランは、利用者、家族に懇切丁寧に説明をしたうえで文書により同意を得ます。原則は、同日中にケアプラン原案を作成し、サービス担当者会議を開催したうえで、利用者・家族の同意を得て、ケアプランを交付します。しかし、緊急の場合など、それらのプロセスをふむよう努めたうえでなお、その実践が困難であった場合に、解釈通知では「業務の順序について拘束するものではない」としています。ただし、その1つひとつの業務は、「事後的に可及的速やかに」実施し、その結果に基づいてケアプランを見直すなど、適切に対応する必要があります。

## あわせて確認したい…運営基準

■ 内容及び手続きの説明及び同意（運営基準（居宅介護支援）第4条第2項）

・居宅介護支援の提供の開始にあたり、利用申込者・家族に対し、次の①及び②について、文書を交付し、説明がされていない場合に、契約月からその状態が解消されるに至った月の前月まで減算されます。

① 居宅サービス計画の作成にあたり、利用者は複数の居宅サービス事業者等の紹介を求めることができること

② 居宅サービス計画原案に位置づけた居宅サービス事業者等の選定理由について説明を求めることができること

・事業者は、①及び②について、重要事項説明書に明らかにしておきます。

・重要事項説明書の交付のほかに、懇切丁寧に説明を行うこと、その内容を理解したことについて利用者から署名を得ることが望ましいとされています。

・事業者が説明すべき内容を理解していない、重要事項説明書に必要な内容が書かれていない、説明をしたことを記録に残していない、利用者の署名がないといったケースを運営指導でみることがあります。

**基準違反＋減算**

■ 前6か月間に作成した居宅サービス計画における、サービスの割合及び同一事業者によって提供されたサービスの割合

・居宅介護支援の提供の開始にあたり、あらかじめ、利用者またはその家族に対し、次の①及び②について説明し、理解を得るよう努めなければなりません（運営基準（居宅介護支援）第4条第3項）。

① 前（過去）6か月の間に、居宅介護支援事業所において作成された居宅サービス計画の総数のうち、訪問介護、通所介護、福祉用具貸与及び地域密着型通所介護（訪問介護等）がそれぞれ位置づけられた居宅サービス計画の数が占める割合

② 前（過去）6か月の間に、居宅介護支援事業所において作成された居宅サービス計画に位置づけられた、訪問介護、通所介護、福祉用具貸与及び地域密着型通所介護それぞれの回数のうち、同一の居宅サービス事業者または地域密着型サービス事業者によって提供されたものが占める割合（上位3位まで）

・これは、運営基準減算の対象となるものではありませんが、ケアマネジャーの業務の公正中立性を確保するために、大切な取り組みといえます。

・重要事項説明書に記載し、支援の開始にあたり説明できるとよいでしょう。

**努力義務**
(p.7参照)

■ 担当ケアマネジャーの氏名・連絡先の提供

・ また、事業者は、利用者が病院・診療所に入院する必要が生じた場合、担当するケアマネジャーの氏名及び連絡先を病院・診療所に伝えるよう、利用者・家族に対しあらかじめ協力を求める必要があります（運営基準（居宅介護支援）第4条第4項）。これは、運営基準減算の対象となるものではありませんが、利用者の退院後の生活を考えた場合、ケアマネジャーの大切なかかわりといえます。

・ 重要事項説明書に記載されていない場合、居宅介護支援経過に、その内容を利用者・家族に説明し、利用者の署名を得たことがわかる記録として残っていることは、ほとんどありません。重要事項説明書にあらかじめ記載し、併せて説明することが大切です。重要事項説明書に記載がない場合、その見直しが必要です。

> 基準
> 違反

**Plus α**

## あわせて確認したい…運営基準

■ 課題分析における留意点（運営基準（居宅介護支援）第13条第7号）

・ 居宅サービス計画の新規作成及びその変更にあたり、介護支援専門員が、利用者の居宅を訪問し、利用者・家族に面接していない場合に、居宅サービス計画にかかる月（当該月）からその状態が解消されるに至った月の前月まで減算されます。

・ アセスメントは、利用者の居宅を訪問し、利用者及びその家族に面接して行わなければなりません。運営指導では、アセスメントを利用者の居宅で行わなかった、居宅を訪問したことが記録されていなかったというケースを目にします。改めてその原則を確認しておくことが大切です。

**市町村に確認！**

**ちょっとひといき
コーヒーブレイク** 　利用者の居宅以外の場所でのアセスメント

アセスメントについては、解釈通知に「利用者が入院中であることなど物理的な理由がある場合を除き必ず利用者の居宅を訪問し」行わなければならないとされています。

「入院中」以外にどのような場合が当てはまるのか、具体的な規定はみつかりません。一時、子どもや親類の家に身を寄せているなど、利用者によってさまざまなケースが考えられます。杓子定規に考えるのでなく、利用者の立場に寄り添い、疑問や腑に落ちないことがあれば、保険者に確認しましょう。

■ 専門的意見の聴取

○サービス担当者会議等による専門的意見の聴取（運営基準（居宅介護支援）第13条第9号）／居宅サービス計画の変更の必要性についてのサービス担当者会議等による専門的意見の聴取（運営基準（居宅介護支援）第13条第15号）

・次の①〜③の場合に、介護支援専門員が、サービス担当者会議等を開催していないときに、居宅サービス計画にかかる月（当該月）から当該状態が解消されるに至った月の前月まで減算されます。

① 居宅サービス計画を新規に作成した場合

② 要介護認定を受けている利用者が要介護更新認定を受けた場合

③ 要介護認定を受けている利用者が要介護状態区分の変更の認定を受けた場合

**市町村に確認！**

ちょっとひといき
**コーヒーブレイク**

「サービス担当者会議等」の「等」

解釈通知には、「サービス担当者会議 "等" による専門的意見の聴取」と、留意事項通知には「サービス担当者会議を開催 "等" を行っていない」場合とあります。この「等」が何を示しているのか、具体的には示されていません。前後の文脈から考えると、「サービス担当者に対する照会」を指すものと思われます。

国が定める法令や通知が、手続きや手順のすべてを厳密に定めているわけではありません。こうした曖昧さが、保険者による対応や指導の差、いわゆるローカルルールを生んでいるといえます。

一方で、曖昧さがあるからこそ、いわゆる現場の実情に応じた柔軟な対応ができるようになるともいえます。

だからこそ、介護支援専門員は、地域連絡会などを通じて保険者である市町村にはたらきかけるとともに、連携を深め、"わがまち" の介護保険制度をつくりあげるという構えをもってほしいと思います。

■ モニタリングの実施（運営基準（居宅介護支援）第13条第14号）

居宅サービス計画の作成後に行われるモニタリングについて、次の場合に減算されます。

① 介護支援専門員が1か月の間、利用者の居宅を訪問し、利用者に面接していな

い場合には、特段の事情のない限り、その月からその状態が解消されるに至った月の前月まで減算されます。

② 　介護支援専門員がモニタリングの結果を記録していない状態が１か月以上継続する場合に、特段の事情のない限り、その月からその状態が解消されるに至った月の前月まで減算されます。

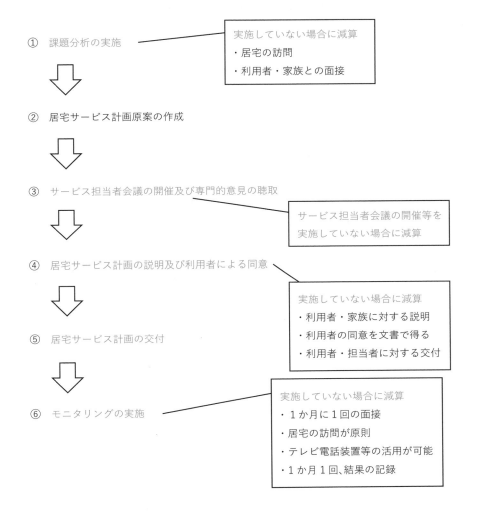

# 24

# 高齢者虐待防止措置
# 未実施減算（介護報酬）

令和6年度
新設

事業者は、虐待の発生・再発を防止するための措置を講じなければなりません（居宅療養管理指導（介護予防を含む）、特定福祉用具販売（介護予防を含む）を除くすべてのサービスに共通）

> ## わかったつもり…にしない運営基準

○居宅介護支援事業者は、虐待の防止のために次の措置を講じなければなりません。
　① 虐待の防止のための対策を検討する委員会（虐待防止検討委員会）の定期的な開催
　② 虐待の防止のための指針の整備
　③ 介護支援専門員に対する、虐待の防止のための研修の定期的な開催
　④ ①〜③を適正に実施するための担当者の配置

○高齢者虐待防止措置未実施減算は、事業者に義務づけられた措置を講じていない場合に、利用者全員について所定単位数から減算します。事業所で虐待が発生した場合ではありません。

○①〜④の措置を講じていない事実が生じた場合、速やかに改善計画を都道府県知事に提出します。その事実が生じた月から3か月後、改善計画に基づく改善状況を都道府県知事に報告します。

○措置を講じていない事実が生じた月の翌月から改善が認められた月までの間、利用者全員について所定単位数から減算します。

根拠：運営基準（居宅介護支援）第27条の2
　　　留意事項通知（訪問通所サービス等）第3-8

○高齢者虐待防止措置を事業者が講じていない事実が、運営指導などで行政機関が把握した時期より前に生じている場合、行政機関が発見した月が「高齢者虐待防止措置を事業者が講じていない事実が生じた月」になります。したがって、その月（運営指導などで高齢者虐待防止措置が講じられていない事実を把握した月）の翌月から減算します。過去に遡及して当該減算を適用することはできないとされています。

> 根拠：「「令和6年度介護報酬改定に関するQ&A（Vol.1）（令和6年3月15日）」の送付について」（令和6年3月15日事務連絡）問168

○高齢者虐待防止措置未実施減算については、改善計画の速やかな報告→改善計画に基づく改善状況の報告という手続きが定められていますが、改善計画の提出の有無にかかわらず、事実が生じた月の翌月から減算が適用されます。減算は、改善計画が提出され、高齢者虐待防止措置を講じていない事実が生じた月から3か月以降、その計画に基づく改善が認められた月まで継続します。

> 根拠：「「令和6年度介護報酬改定に関するQ&A（Vol.1）（令和6年3月15日）」の送付について」（令和6年3月15日事務連絡）問169

# 25

# 業務継続計画未策定減算
## （介護報酬）

事業者は、業務継続計画を策定し、計画に従い、必要な措置を講じなければなりません（居宅療養管理指導（介護予防を含む）、特定福祉用具販売（介護予防を含む）を除くすべてのサービスに共通）

---

### わかったつもり…にしない運営基準

○居宅介護支援事業者は、業務継続計画を策定し、その計画に従い、必要な措置を講じなければなりません。

○業務継続計画とは、感染症や非常災害が発生した際、①サービスを継続的に提供するための、②非常時の体制で早期の業務再開を図るための計画をいいます。

○感染症もしくは災害が発生した際のいずれかまたは両方の業務継続計画が策定されていない場合で、かつ、業務継続計画に従い必要な措置が講じられていない場合に減算の対象となります。その翌月からその状況が解消される月まで、利用者全員について、所定単位数から減算します。

○業務継続計画の策定のほか、事業者は、業務継続計画を周知するとともに、必要な研修及び訓練（シミュレーション）を実施しなければなりません。また、業務継続計画の定期的な見直し、見直しに応じた変更も事業者の義務とされています。

> 根拠：運営基準（居宅介護支援）第19条の2
> 留意事項通知（訪問通所サービス等）第3－9

○感染症もしくは災害が発生した際のいずれかまたは両方の業務継続計画が策定されていない場合で、かつ、業務継続計画に従い必要な措置が講じられていない場合に減算の対象となります。

○業務継続計画の周知、研修、訓練及び定期的な業務継続計画の見直しの実施の有無は、業務継続計画未策定減算の算定要件ではないとされています。

> 根拠：「「令和6年度介護報酬改定に関するQ&A（Vol.1）（令和6年3月15日）」の送付について」（令和6年3月15日事務連絡）
> 問164

○居宅介護支援については、業務継続計画未策定減算の施行時期は 2025（令和 7）年 4 月とされています（施行時期については表のとおり）。

**表　業務継続計画未策定減算の施行時期**

| 対象サービス（注 1） | 施行時期 |
|---|---|
| 通所介護<br>短期入所生活介護（介護予防短期入所生活介護）<br>短期入所療養介護（介護予防短期入所療養介護）<br>特定施設入居者生活介護（介護予防特定施設入居者生活介護）<br>地域密着型通所介護<br>認知症対応型通所介護（介護予防認知症対応型通所介護）<br>小規模多機能型居宅介護（介護予防小規模多機能型居宅介護）<br>認知症対応型共同生活介護（介護予防認知症対応型共同生活介護）<br>地域密着型特定施設入居者生活介護<br>地域密着型介護老人福祉施設入所者生活介護<br>看護小規模多機能型居宅介護<br>介護老人福祉施設<br>介護老人保健施設<br>介護医療院 | 2024（令和 6）年<br>4 月（注 2） |
| 通所リハビリテーション（介護予防通所リハビリテーション） | 2024（令和 6）年<br>6 月（注 2） |
| 訪問介護<br>訪問入浴介護（介護予防訪問入浴介護）<br>訪問看護（介護予防訪問看護）<br>訪問リハビリテーション（介護予防訪問リハビリテーション）<br>福祉用具貸与（介護予防福祉用具貸与）<br>定期巡回・随時対応型訪問介護看護<br>夜間対応型訪問介護<br>居宅介護支援<br>介護予防支援 | 2025（令和 7）年<br>4 月 |

※ 1：居宅療養管理指導、介護予防居宅療養管理指導、特定福祉用具販売及び特定介護予防福祉用具販売には、業務継続計画未策定減算は適用されない。
　 2：ただし、2025（令和 7）年 3 月 31 日までの間、感染症の予防及びまん延の防止のための指針の整備及び非常災害に関する具体的計画の策定を行っている場合には、減算を適用しない。

○業務継続計画未策定減算は、行政機関が運営指導などで不適切な取り扱いを発見したときではなく、「基準を満たさない事実が生じた時点」まで遡及して減算を適用します。

○したがって、例えば、運営指導によって、2025（令和 7）年 10 月に、業務継続計画が策定されていないことが判明した場合、2025（令和 7）年 4 月から減算の対象となります。2025（令和 7）年 10 月からではありません。

> 根拠：「「令和 6 年度介護報酬改定に関する Q&A（Vol.1）（令和 6 年 3 月 15 日）」の送付について」（令和 6 年 3 月 15 日事務連絡）
> 問 165・問 166

**26**

# 事業所と同一建物の利用者または これ以外の同一建物の利用者 20 人 以上にサービスを行う場合（介護報酬）

**令和6年度 新設**

事業所と同一の敷地にある建物・隣接する敷地にある建物などに居住する利用者に、
居宅介護支援を行った場合、所定単位数の 95％を算定します

---

### わかったつもり…にしない運営基準

---

○減算の対象になる利用者は次のとおりです。

**表　減算の対象になる利用者**

| |
| --- |
| ①　居宅介護支援事業所の所在する建物と同じ敷地にある建物に居住する利用者 |
| ②　居宅介護支援事業所の所在する建物に隣接する敷地にある建物に居住する利用者 |
| ③　居宅介護支援事業所と同じ建物に居住する利用者 |
| ④　居宅介護支援事業所における 1 か月あたりの利用者が同一の建物に 20 人以上居住する建物（①～③を除く）に居住する利用者 |

○①～③については、居宅介護支援事業所と構造上または外形上、一体的な建築物
　及び同一敷地内並びに隣接する敷地（居宅介護支援事業所と建築物が道路などを挟んで
　設置している場合を含む）にある建築物のうち効率的なサービス提供が可能なもの
　を指します。具体的には表に示す場合が該当するとされています。

| 一体的な建築物 | 建物の 1 階部分に居宅介護支援事業所がある場合や建物と渡り廊下でつながっている場合など |
| --- | --- |
| 同一の敷地内隣接する敷地内の建物 | 同一敷地内にある別棟の建築物や幅員の狭い道路を挟んで隣接する場合など |

○「居宅介護支援事業所における 1 か月あたりの利用者が同一の建物に 20 人以上
　居住する建物」とは、①～③にあたるもの以外の建築物を指し、その建築物に居
　宅介護支援事業所の利用者が 20 人以上居住する場合に該当します。同一敷地内
　にある別棟の建物や道路を挟んで隣接する建物の利用者数を合算するものではな
　いとされています。

○この場合の利用者数は、その月において居宅介護支援事業者が提出した給付管理
　票 にかかる利用者のうち、該当する建物に居住する利用者の合計です。

○減算の適用にあたっては、居宅介護支援事業所と建築物の位置関係のみをもって
　判断することがないよう留意することとされています。具体的には、次のような

場合を一例として、居宅介護支援の提供の効率化につながらない場合には、減算を適用すべきではないと示されています。

**表　同一敷地内建物等に該当しないものの例**

・同一敷地であっても、広大な敷地に複数の建物が点在する場合
・隣接する敷地であっても、道路や河川などに敷地が隔てられており、横断するために迂回しなければならない場合

○同一の建物については、建築物を管理、運営する法人が居宅介護支援事業者と異なる場合であっても該当するものであるとされています。

根拠：留意事項通知（訪問通所サービス等）第3−10

# 27

# 特定事業所集中減算
## （介護報酬）

正当な理由がなく、事業所で過去6か月の間に作成された居宅サービス計画に位置づけられた訪問介護などの提供総数のうち、同一の事業者によって提供されたものの割合が80%を超えている場合、所定単位数から減算します

---

わかったつもり…にしない運営基準

---

○特定事業所集中減算の対象になるサービスは次のとおりです。

表　特定事業所集中減算の対象になるサービス

| | |
|---|---|
| ・訪問介護 | ・福祉用具貸与 |
| ・通所介護 | ・地域密着型通所介護 |

○特定事業所集中減算については、毎年度2回の判定期間が定められており、それに応じて減算適用期間が決められています（表）。

○特定事業所集中減算については、毎年度2回の判定期間に事業所で作成された居宅サービス計画を対象とし、減算の要件に該当した場合、事業所が実施する減算適用期間の居宅介護支援のすべてについて減算を適用します。

表　判定期間と減算適用期間

| 判定期間 | 減算適用期間 |
|---|---|
| 前期（3月1日から8月末日）の場合 | 10月1日から3月31日まで |
| 後期（9月1日から2月末日）の場合 | 4月1日から9月30日まで |

○判定方法

① 事業所ごとに、事業所で判定期間に作成された居宅サービス計画のうち、訪問介護、通所介護、福祉用具貸与または地域密着型通所介護（訪問介護サービス等）が位置づけられた居宅サービス計画の数をそれぞれ算出します。

② 訪問介護サービス等それぞれについて、最もその紹介件数の多い法人（紹介率最高法人）を位置づけた居宅サービス計画の数の占める割合を計算します。

③ 訪問介護サービス等のいずれかについてその割合が80%を超えた場合に減算します。

**具体的な計算式**

$$\frac{当該サービスにかかる紹介率最高法人の居宅サービス計画数}{当該サービスを位置づけた計画数}$$

○正当な理由の範囲

　訪問介護サービス等のいずれかについてその割合が 80% を超えることになった正当な理由がある場合は、その理由を市町村長に提出します。市町村長がその理由を不適当と判断した場合は特定事業所集中減算を適用します。

　また、正当な理由として例が示されています。ただし、実際の判断にあたっては、地域的な事情なども含め諸般の事情を総合的に勘案し正当な理由に該当するかどうかを市町村長が判断します。

**表　正当な理由として考えられる理由の例示**

| |
|---|
| ①　居宅介護支援事業者の通常の事業の実施地域に訪問介護サービス等がサービスごとでみた場合に 5 事業所未満である場合などサービス事業所が少数である場合<br>例）<br>・訪問介護事業所として 4 事業所、通所介護事業所として 10 事業所が所在する地域の場合は、訪問介護について紹介率最高法人を位置づけた割合が 80% を超えても減算は適用されないが、通所介護について 80% を超えた場合には減算が適用される<br>・訪問介護事業所として 4 事業所、通所介護事業所として 4 事業所が所在する地域の場合は、訪問介護及び通所介護それぞれについて紹介率最高法人を位置づけた割合が 80% を超えた場合でも減算は適用されない<br>②　特別地域居宅介護支援加算を受けている事業者である場合<br>③　判定期間の 1 か月あたりの平均居宅サービス計画件数が 20 件以下であるなど事業所が小規模である場合<br>④　判定期間の 1 か月あたりの居宅サービス計画のうち、それぞれのサービスが位置づけられた計画件数が 1 か月あたり平均 10 件以下であるなど、サービスの利用が少数である場合<br>例）<br>・訪問介護が位置づけられた計画件数が 1 か月あたり平均 5 件、通所介護が位置づけられた計画件数が 1 か月あたり平均 20 件の場合は、訪問介護について紹介率最高法人を位置づけた割合が 80% を超えても減算は適用されないが、通所介護について 80% を超えた場合には減算が適用される<br>⑤　サービスの質が高いことによる利用者の希望を勘案した場合などにより特定の事業者に集中していると認められる場合<br>例）<br>・利用者から質が高いことを理由にそのサービスを利用したいという理由書の提出を受けている場合であって、地域ケア会議等にその利用者の居宅サービス計画を提出し、支援内容についての意見・助言を受けているもの<br>⑥　その他正当な理由と市町村長が認めた場合 |

根拠：厚生労働大臣が定める基準（厚生労働省告示第 95 号）第 83 号
　　　留意事項通知（訪問通所サービス等）第3－13

# 28

# 初回加算
## （介護報酬）

令和6年度
改正なし

新たに居宅サービス計画を作成する利用者に対し、居宅介護支援を行った場合に算定します

---

わかったつもり…にしない運営基準

---

○初回加算の対象になる利用者は次のとおりです。

表　初回加算の対象になる利用者

| ① | 新規に居宅サービス計画を作成する利用者に対し、居宅介護支援を行った場合 |
| ② | 要介護状態区分が2区分以上変更された利用者に対し、居宅介護支援を行った場合 |

○初回加算の対象になる利用者のうち、「新規」の考え方について、契約の有無にかかわらず、過去2か月以上、その事業所において居宅介護支援が提供されず、居宅介護支援が算定されていないときに、居宅サービス計画を作成した場合を指すとされています。

根拠：介護保険最新情報 vol.69 平成21年4月改定関係Q＆A（vol.1）問62

## 29 特定事業所医療介護連携加算（介護報酬）

令和6年度
改正

病院、診療所、介護保険施設との連携、ターミナルケアマネジメント加算の算定が一定回数以上の場合に算定します

> ### わかったつもり…にしない運営基準

○次の要件を満たす場合に算定できます。
  ① 退院・退所加算の算定に際し、病院・診療所、地域密着型介護老人福祉施設・介護保険施設との連携の回数の合計が 35 回以上であること
  ② ターミナルケアマネジメント加算を 15 回以上算定していること
  ③ 特定事業所加算(I)、(Ⅱ)または(Ⅲ)を算定していること
○退院・退所加算の算定実績（①）及びターミナルケアマネジメント加算の算定実績（②）については、前々年度の3月から前年度の2月までの間を対象とします。
○退院・退所加算の算定実績については、退院・退所加算を算定した回数ではなく、退院・退所加算の算定にあたり情報の提供を受けた回数をいいます。
○特定事業所医療介護連携加算は、質の高いケアマネジメントを提供する体制のある事業所が医療・介護連携に総合的に取り組んでいる場合に評価を行うものであるとされ、特定事業所加算(I)、(Ⅱ)または(Ⅲ)のいずれかを算定していない月は算定できません。

根拠：厚生労働大臣が定める基準（厚生労働省告示第95号）第84号の2
留意事項通知（訪問通所サービス等）第3−15

　令和6年度介護報酬改定において、ターミナルケアマネジメント加算の算定事績が5回から15回に見直されました。

　経過措置として、2025（令和7）年3月31日までの間は、従前のとおり算定回数が5回以上の場合に要件を満たすこととし、同年4月1日から2026（令和8）年3月31日までの間は、2024（令和6）年3月におけるターミナルケアマネジメント加算の算定回数に3を乗じた数に、2024（令和6）年4月から2025（令和7）年2月までの間におけるターミナルケアマネジメント加算の算定回数を加えた数が15回以上である場合に要件を満たすこととされています。

根拠：留意事項通知（訪問通所サービス等）第3－15

令和6年度
改正

# 入院時情報連携加算
## （介護報酬）

利用者の入院にあたり、入院先の病院・診療所の職員に必要な情報を提供した場合に算定します。情報提供のタイミングによって単位数が異なります

---

### わかったつもり…にしない運営基準

○入院時情報連携加算は、情報を提供するタイミングによって、(I)と(II)に分かれます。

| 入院時情報連携加算(I) | 入院した日のうち（注1） |
| --- | --- |
| 入院時情報連携加算(II) | 入院した日の翌日または翌々日（注2） |

注1：入院日以前に情報を提供した場合はその日を含みます。また、事業所の運営規程に定める営業時間終了後、または営業日以外の日に入院した場合には入院した日の翌日を含みます。

2：事業所の営業時間終了後に入院した場合であって、入院日から3日目が営業日以外の日に当たるときは、その翌日を含みます。

**図　入院のタイミングと算定可能な日数**

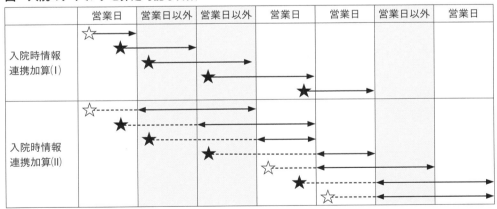

☆…入院　★…入院（営業時間外）　→…情報提供

資料：「「令和6年度介護報酬改定に関するQ&A（Vol. 1）（令和6年3月15日）」の送付について」（令和6年3月15日事務連絡）問119

○「必要な情報」とは、利用者の入院日、生活環境及びサービスの利用状況をいう とされています。

**表　必要な情報**

| 心身の状況 | 疾患・病歴、認知症の有無や徘徊等の行動の有無など |
| --- | --- |
| 生活環境 | 家族構成、生活歴、介護者の介護方法や家族介護者の状況など |

○情報提供を行った日時、場所（医療機関へ出向いた場合）、内容、提供手段（面談、 FAX）などについて居宅サービス計画などに記録します。なお、情報提供の方法 については、居宅サービス計画などの活用が考えられるとされています。

> 根拠：厚生労働大臣が定める基準（厚生労働省告示第95号）第 85号
> 留意事項通知（訪問通所サービス等）第3−16

# 退院・退所加算
## （介護報酬）

令和6年度 改正なし

利用者の退院または退所にあたり、病院・施設の職員と面談し、必要な情報を得たうえで、居宅サービス計画を作成した場合に算定します

---

**わかったつもり…にしない運営基準**

○退院・退所加算は、利用者が居宅サービス（地域密着型サービス）を利用する場合に、退院・退所にあたり、病院・施設の職員と面談し、利用者に関する必要な情報を得たうえで、居宅サービス計画を作成し、居宅サービス（地域密着型サービス）の利用に関する調整を行ったときに、利用者が居宅サービス（地域密着型サービス）の利用を開始する月に算定します。

○退院・退所加算は情報収集の回数、その方法によって、(Ⅰ)(Ⅱ)及び(Ⅲ)に分かれます。

| | | 情報収集の回数 | 方法 |
|---|---|---|---|
| 退院・退所加算(I) | イ | 1回 | カンファレンス以外 |
| | ロ | 1回 | カンファレンスに限る |
| 退院・退所加算(II) | イ | 2回以上 | カンファレンス以外 |
| | ロ | 2回以上 | うち1回以上はカンファレンスによる |
| 退院・退所加算(III) | | 3回以上 | うち1回以上はカンファレンスによる |

○面談は、テレビ電話装置などを活用して行うことができます。利用者またはその家族が参加する場合は、テレビ電話装置などの活用について同意を得なければなりません。

> 根拠：厚生労働省が定める基準（厚生労働省告示第95号）第85号の2
> 留意事項通知（訪問通所サービス等）第3－17

○退院・退所加算については、転院・転所前の医療機関・施設から提供された情報であっても、居宅サービス計画に反映すべき情報であれば、退院・退所加算を算定することは可能であるとされています。なお、その場合でも、退院・退所前の医療機関等から情報提供を受けていることは必要です。

根拠：「「平成24年度介護報酬改定に関するQ&A（vol.3）（平成24年4月25日）」の送付について」（平成24年4月25日事務連絡）問7

## 32

# 通院時情報連携加算
## （介護報酬）

令和6年度
改正

診察に同席し、医師などと連携した場合に算定します

○通院時情報連携加算の要件は次のとおりです。

・利用者が医師または歯科医師の診察を受ける際に同席し、医師または歯科医師などに利用者の心身の状況や生活環境などの必要な情報提供を行うこと

・医師または歯科医師などから利用者に関する必要な情報提供を受けたうえで、居宅サービス計画などに記録すること

○同席にあたっては、利用者の同意を得ます。

○通院時情報連携加算は、利用者1人につき1月に1回を限度として算定できます。

根拠：留意事項通知（訪問通所サービス等）第3-18
指定居宅介護支援に要する費用の額の算定に関する基準（平成12年2月10日厚生省告示第20号）別表ト

# 33

# 緊急時等居宅カンファレンス加算（介護報酬）

医師または看護師などとともに利用者の居宅を訪問し、カンファレンスを行うなどの場合に算定します

## わかったつもり…にしない運営基準

○緊急時等居宅カンファレンス加算は、病院・診療所の求めによって、医師または看護師などとともに利用者の居宅を訪問し、カンファレンスを行うとともに、必要に応じて、利用者に必要な居宅サービス（地域密着型サービス）の利用について調整した場合に算定します。

○算定にあたっては、次のとおり居宅サービス計画などに記載します。

表　算定にあたって居宅サービス計画などに記載すること

・カンファレンスの実施日（指導した日が異なる場合は指導日もあわせて）
・カンファレンスに参加した医療関係職種などの氏名
・カンファレンスの要点

○カンファレンスは、利用者の病状が急変した場合や、医療機関における診療方針の大幅な変更などの必要が生じた場合に実施されるものであることから、利用者の状態像などが大きく変化していることが十分想定されるため、必要に応じて、速やかに居宅サービス計画を変更し、居宅サービス及び地域密着型サービスの調整を行うなど適切に対応することとされています。

根拠：留意事項通知（訪問通所サービス等）第3－19

## さらにワンランク上を目指すために

　緊急時等居宅カンファレンス加算は、カンファレンスの開催のほか、必要に応じて、利用者に必要な居宅サービス（地域密着型サービス）の利用に関する調整を行った場合に算定します。

　算定要件として示されている「必要に応じてサービスの利用に関する調整を行った場合」について、結果的に調整の必要性が生じなかった場合についても評価をす

るものであり、緊急時等居宅カンファレンス加算が算定できるとされています。

根拠：「「平成24年度介護報酬改定に関するQ&A（vol.1）（平成24年3月16日）」の送付について」（平成24年3月16日事務連絡）問113

# 34

# ターミナルケア
# マネジメント加算（介護報酬）

在宅でなくなった利用者に対して、利用者・家族の意向を把握したうえで、利用者・家族の同意を得て、利用者の心身の状況などを、主治医及び居宅サービス事業者に提供した場合に算定します

## わかったつもり…にしない運営基準

○ターミナルケアマネジメント加算は、在宅でなくなった利用者に対して、終末期の医療やケアの方針に関する利用者・家族の意向を把握したうえで、利用者・家族の同意を得て、居宅を訪問し、利用者の心身の状況などを記録して、主治医及び居宅サービス事業者に提供した場合に算定します。

○ターミナルケアマネジメントを受けることについて利用者・家族が同意した以降は、次の①〜③を支援経過として居宅サービス計画などに記録しなければなりません。

**表　支援経過として記録すること**

① 終末期にある利用者の心身・家族の状況の変化や環境の変化及びこれらに対して居宅介護支援事業者が行った支援についての記録
② 利用者に対する支援にあたり、主治医及び居宅サービス事業者などと行った連絡調整に関する記録
③ 利用者が、医師が一般に認められている医学的知見に基づき、回復の見込みがないと診断した者に該当することを確認した日及びその方法

根拠：留意事項通知（訪問通所サービス等）第3−20

column

　ターミナルケアマネジメント加算については、その算定要件が一部、令和6年度介護報酬改定において見直されました。それまでは、加算の対象となる疾患が末期の悪性腫瘍に限定されていましたが、これを、医師が一般に認められている医学的知見に基づき、回復の見込みがないと診断した場合を対象とすることとなりました。

○ターミナルケアマネジメント加算は、利用者の死亡月に算定することが原則です。ただし、利用者の居宅を最後に訪問した日のある月と、利用者のなくなった月が異なる場合は、死亡した月に算定します。

○ターミナルケアマネジメント加算は、1人の利用者に対し、1か所の居宅介護支援事業所に限って算定できます。算定要件を満たす事業所が複数ある場合、利用者が死亡した日またはそれに最も近い日に利用した居宅サービスを位置づけた居宅サービス計画を作成した事業所がターミナルケアマネジメント加算を算定します。

○ターミナルケアマネジメントを受けている利用者が、死亡診断を目的として医療機関に搬送され、24時間以内になくなったことが確認される場合などについては、ターミナルケアマネジメント加算を算定することができます。

根拠：留意事項通知（訪問通所サービス等）第3-20

column

　ケアマネジメントにあたっては、利用者の意向の確認は欠かすことのできないものです。特に、終末期は、医療とケアの方針に関する利用者と家族の意向をいっそう丁寧に把握する必要があります。また、その意向をふまえたケアを提供するには、チームによるかかわりが求められます。

　ターミナルケアマネジメント加算の算定にあたっては、厚生労働省が示した「人生の最終段階における医療・ケアの決定プロセスに関するガイドライン」などを参考にしつつ、利用者本人の意思を尊重した医療・ケアの方針が実施できるよう、多職種が連携し、利用者・家族と必要な情報の共有などに努めることとされています。

　加算には、その算定にあたり、あらかじめ市町村に届け出ることが必要なものがあります。居宅介護支援については、次のとおりです。

・ケアプランデータ連携システムの活用及び事務職員の配置の体制
・特別地域加算
・中山間地域等における小規模事業所加算（地域に関する状況）
・中山間地域等における小規模事業所加算（規模に関する状況）
・特定事業所集中減算
・特定事業所加算
・特定事業所医療介護連携加算
・ターミナルケアマネジメント加算

　また、加算は、①基準に定められた実施体制が確保された場合に算定するもの、②加算の適用条件が実施されることによって算定するものに分けることができます（表）。

| | 実施 | 体制 |
|---|---|---|
| 特別地域居宅介護支援加算 | ○ | |
| 中山間地域等における小規模事業所加算 | ○ | |
| 中山間地域等に居住する者へのサービス提供加算 | ○ | |
| 初回加算 | ○ | |
| 特定事業所加算 | | ○ |
| 特定事業所医療介護連携加算 | | ○ |
| 入院時情報連携加算 | ○ | |
| 退院・退所加算 | ○ | |
| 通院時情報連携加算 | ○ | |
| 緊急時等居宅カンファレンス加算 | ○ | |
| ターミナルケアマネジメント加算 | △ | |

△：加算にかかる適用条件が実施されることにより算定するものの、人員の配置
　　など体制的要件も含まれるもの

Part4

[“あいまいなまま”ですませていませんか?]

# 居宅サービスの加算を
# ケアプランに
# 位置づけるときなどのルール

# 35

# 介護報酬の算定にあたって居宅サービスに共通するルール

**令和6年度 改正なし**

## 施設入所日及び退所日等における居宅サービスの算定

介護老人保健施設の退所日に訪問看護は利用できる？　○か×か

---

### わかったつもり…にしない運営基準

○介護老人保健施設、介護医療院の退所（退院）日または短期入所療養介護のサービス終了日（退所・退院日）に、訪問看護費、訪問リハビリテーション費、居宅療養管理指導費及び通所リハビリテーション費を算定することはできません。

○また、退所（退院）日に通所介護サービスを、入所（入院）前に通所介護または通所リハビリテーションを、居宅サービス計画に機械的に組み込むといったことは適正でないとされています。

> 根拠：留意事項通知（訪問通所サービス等）第2-1-(3)

---

### 運営指導の"あるある"と改善・ワンランクアップのためのヒント

■"あるある"のその①

・介護老人保健施設をはじめとする、いわゆる医療系の施設の退所（退院）日に、医療サービス（例：訪問看護）を位置づけることができないとするルールを知らずにケアプランを作成していた。

　　改善・ワンランクアップのためのヒント

医療系施設の退所日同日に在宅医療サービス（介護保険）を位置づけることはルール上できません。万が一の場合には、全額自己負担となる可能性がありますので「ルールとして理解しておくこと」が原則です。

■ "あるある"のその②

・通所介護の通常の利用日であるという理由だけで、短期入所生活介護の退所日に、機械的に計画に組み込み、サービスを利用していた。

### 改善・ワンランクアップのためのヒント

> この場合、医療サービス（介護保険）ではないので利用できるように考えられますが、機械的に計画に組み込むことは適正とはいえません。短期入所サービスや施設においても、機能訓練やリハビリテーションはできますから、退所（退院）日に通所介護サービスを、ケアプランに機械的に組み込むといったことは適正ではないとされています。

# 36

# 介護報酬の算定にあたって居宅サービスに共通するルール
## 「認知症高齢者の日常生活自立度」の決定方法

加算の要件として「認知症高齢者の日常生活自立度」を用いる場合、医師の判定結果をケアプランまたは個別サービス計画に記載します

### わかったつもり…にしない運営基準

○認知症専門ケア加算や認知症加算などの算定には、「認知症高齢者の日常生活自立度」が用いられます。

○加算の算定にあたり、「認知症高齢者の日常生活自立度」を用いる場合、日常生活自立度の決定には、医師の判定結果または主治医意見書を用います。

○①医師の判定結果、②判定した医師の名前、③判定日を、居宅サービス計画またはそれぞれのサービス計画に記載します。

○算定にあたって、「認知症高齢者の日常生活自立度」が用いられる加算は次のとおりです。

・所要時間20分未満の身体介護中心型
・訪問介護の特定事業所加算（重度要介護者等対応要件）
・認知症専門ケア加算
・認知症加算

○認知症加算、認知症専門ケア加算は、専門的な認知症ケアを評価する加算です。

**表　認知症加算・認知症専門ケア加算**

| | 算定できるサービス | 算定要件（概要） |
|---|---|---|
| 認知症加算 | ・通所介護<br>・地域密着型通所介護<br>・小規模多機能型居宅介護<br>・看護小規模多機能型居宅介護 | ・利用者の総数に対する認知症のある利用者の割合が一定以上であること<br>・認知症介護にかかる研修を修了した職員が配置されていることなど |
| 認知症専門ケア加算 | ・訪問介護<br>・訪問入浴介護<br>・短期入所生活介護<br>・短期入所療養介護<br>・特定施設入居者生活介護<br>・定期巡回・随時対応型訪問介護看護<br>・夜間対応型訪問介護<br>・認知症対応型共同生活介護 | ・利用者の総数に対する認知症のある利用者の割合が一定以上であること<br>・認知症介護にかかる研修を修了した職員を配置し、チームとして専門的な認知症ケアを実施していること<br>・認知症ケアに関する研修を実施していることなど |

○訪問介護、訪問入浴介護、定期巡回・随時対応型訪問介護看護及び夜間対応型訪問介護における認知症専門ケア加算の算定にあたっては、認知症高齢者の日常生活自立度を確認する方法として、「例えば、サービス担当者会議等において介護支援専門員から情報を把握する」と示されています。

> 根拠：留意事項通知（訪問通所サービス等）第2−1−(7)
> 厚生労働大臣が定める基準（厚生労働省告示第95号）第3号の2
> 留意事項通知（訪問通所サービス等）第2−2−(24)（訪問介護）、第2−3−(10)（訪問入浴介護）
> 留意事項通知（地域密着型サービス等）第2−2−(18)（定期巡回・随時対応型訪問介護看護）、第2−3−(12)（夜間対応型訪問介護）

## 運営指導の "あるある" と改善・ワンランクアップのためのヒント

■ " あるある " のその①

・認知症専門ケア加算など、算定要件として、「認知症高齢者の日常生活自立度」の判定結果が必要である加算を算定しているにもかかわらず、ケアプラン及び個別サービス計画にその記載がなかった。

### 改善・ワンランクアップのためのヒント

① 認知症専門ケア加算などをサービス事業所が算定している場合には、サービス事業所と相談のうえ、ケアプランまたは個別サービス計画のいずれかに判定結果などを忘れずに記載するようにします。

② ケアプランのうち、どの欄に記載するという目安はありませんが、医師の判定という意味では、「総合的な援助の方針」に記載することでチームメンバーが自立度判定の結果を把握（共有）できるようになります。

③ 記載にあたっては、「認知症高齢者」という表現を使用するかどうか、本人や家族の状況及び心情などに配慮しながら検討します。場合によっては、「日常生活自立度　Ⅲa」という表現でも、その意味は通じるものと考えます。

■ "あるある"のその②
・要介護認定の有効期間の途中から、認知症専門ケア加算などを算定することになった場合で、主治医意見書の作成から数年が経過しており、当時の判定結果と現状が異なる可能性があるにもかかわらず、当時の主治医意見書にあった判定結果をそのまま記載していた。

改善・ワンランクアップのためのヒント

① 主治医意見書の作成から時間が経っている（記入日が古い）場合、その主治医意見書が有効かどうか、まずは利用者の現状との違いについてケアマネジャーとして判断し、現状と異なる可能性がある場合には、保険者と相談するとよいでしょう。
② なおその場合、ケアマネジャーの判断に基づいて日常生活自立度を判定（記載）することがないようにします。

column

　令和6年度の介護報酬改定において、訪問介護、訪問入浴介護、定期巡回・随時対応型訪問介護看護及び夜間対応型訪問介護における認知症専門ケア加算について、利用者の要件が見直されました。
　それまで、「日常生活に支障を来すおそれのある症状若しくは行動が認められることから介護を必要とする認知症の者」だけであったものが、これに「周囲の者による日常生活に対する注意を必要とする認知症の者」が加わりました。
　それぞれ、次のとおり整理されています。
○周囲の者による日常生活に対する注意を必要とする認知症の者
　日常生活自立度のランクⅡ、Ⅲ、ⅣまたはMに該当する利用者
　→　認知症専門ケア加算(I)
○日常生活に支障を来すおそれのある症状若しくは行動が認められることから介護を必要とする認知症の者
　日常生活自立度のランクⅢ、ⅣまたはMに該当する利用者
　→　認知症専門ケア加算(II)

# 訪問介護（介護報酬）
## 1回の訪問介護で身体介護及び生活援助が混在する場合の取り扱い

令和6年度
改正なし

身体介護と生活援助が混在する場合、ケアプランの作成にあたっては、サービス内容を「身体介護」と「生活援助」に区分してください

### わかったつもり…にしない運営基準

○ 1回の訪問で身体介護と生活援助が混在する場合は、居宅サービス計画や訪問介護計画の作成の際、あらかじめ具体的なサービス内容を「身体介護」と「生活援助」に区分します。

○ そのうえで、それぞれに必要とする標準的な時間に基づき、「身体介護」と「生活援助」を組み合わせて算定します。

根拠：留意事項通知（訪問通所サービス等）第2−2−(3)

### 運営指導の"あるある"と改善・ワンランクアップのためのヒント

■ "あるある"のその①

・居宅サービス計画上で、「身体介護」と「生活援助」とが明確に（わかりやすく）区分されていない（第2表の「サービス内容」をみても身体介護か生活援助かがわからない）。

**改善・ワンランクアップのためのヒント**

① 第2表の「サービス内容」に身体介護か生活援助かわかるように記載します。

例： リビングの掃除を一緒に行います（身体介護）
　　 トイレの掃除を行います（生活援助）

② 回数にかかわりなく、サービス内容（身体介護／生活援助）がわかるように記載します。

# 訪問介護（介護報酬）
## 20分未満の身体介護の算定

令和6年度
改正なし

2時間以上、間を空けないと身体介護中心型は算定できないと思っていませんか？
前回の訪問から2時間未満の間隔で提供することができる場合があります

> わかったつもり…にしない運営基準

○訪問介護は、その前の訪問からおおむね2時間未満の間隔で訪問介護が行われた
　場合には、それぞれの所要時間を合算するものとされています。

○ただし、所要時間20分未満の身体介護中心型については、次の要件に当てはま
　る場合に、前回の訪問から2時間未満の間隔で提供することができます。

> 根拠：留意事項通知（訪問通所サービス等）第2−2−(5)

| 利用者 | ・次の①、②のいずれかにあてはまる利用者<br>① 要介護1または2 ＋ 日常生活に対する注意を必要とする認知症がある（日常生活自立度のランクⅡ、Ⅲ、ⅣまたはM）<br>② 要介護3〜5 ＋「障害老人の日常生活自立度（寝たきり度）判定基準」におけるランクB以上<br>・担当する介護支援専門員が開催するサービス担当者会議において、1週間のうち5日以上、頻回の訪問を含む20分未満の身体介護の提供が必要と判断された利用者 |
| --- | --- |
| サービス担当者会議 | ・訪問介護の提供日の属する月の前3か月の間に1度以上開催されていること<br>・サービス提供責任者が参加していること |
| 事業所 | ・24時間体制で、利用者・家族等から電話等による連絡に常時対応できる体制であること<br>・定期巡回・随時対応型訪問介護看護事業所と一体的に運営している、または定期巡回・随時対応型訪問介護看護事業所の指定を併せて受ける計画を策定していること |
| その他 | ・20分未満の身体介護中心型の単位を算定する場合、緊急時訪問介護加算を算定する場合を除き、引き続き生活援助を行うことは認められない<br>・頻回の訪問を含む20分未満の身体介護中心型の単位を算定した月の1か月あたりの訪問介護費は、定期巡回・随時対応型訪問介護看護費の「訪問看護サービスを行わない場合」のうち利用者の要介護状態区分に応じた所定単位数を限度とする<br>・20分未満の身体介護中心型の単位を算定する場合は、サービス提供が「頻回の訪問」にあたることが、居宅サービス計画に明確に位置づけられていること |

## 運営指導の "あるある" と改善・ワンランクアップのためのヒント

■ "あるある" のその①

・20分未満の身体介護中心型の単位を算定する場合は、「頻回の訪問」を含む20分未満の身体介護の提供が必要であることが、ケアプランに明確に位置づけられていなければならないにもかかわらず、「頻回の訪問」が必要であること（理由や支援内容など）が十分に位置づけられていない。

### 改善・ワンランクアップのためのヒント

「総合的な援助の方針」や「サービス内容」の欄を使用するなどして、「頻回の訪問」の必要性などがわかるように記載します。
例：体の向きを2時間おきに変えます。

# 39

# 訪問介護（介護報酬）
## 「生活援助中心型」の単位を算定する場合

「生活援助中心型」の単位を算定する場合、第1表の「生活援助中心型の算定理由」に、算定理由と「やむを得ない事情」を記載してください

---

### わかったつもり…にしない運営基準

○居宅サービス計画に生活援助中心型の訪問介護を位置づける場合は、居宅サービス計画書に生活援助中心型の算定理由のほか、「生活全般の解決すべき課題」の解決に必要で最適なサービスの内容とその方針を明確に記載する必要があります。

> 根拠：留意事項通知（訪問通所サービス等）第2－2－(6)

○その場合、家族等に障害、疾病がない場合であっても、同様のやむをえない事情により、家事が困難な場合等については、第1表のうち、「生活援助中心型の算定理由の」「3．その他」に○をつけ、その事情について記載します。
その内容は、例えば次のとおりです。
・家族が高齢で筋力が低下していて、行うのが難しい家事がある
・家族が介護疲れで共倒れ等の深刻な問題が起きてしまうおそれがある
・家族が仕事で不在のときに行わなくては日常生活に支障がある　など

> 根拠：「介護サービス計画書の様式及び課題分析標準項目の提示について」（平成11年11月12日老企第29号）

## 運営指導の"あるある"と改善・ワンランクアップのためのヒント

■ "あるある"のその①

・ 生活援助中心型の訪問介護をケアプランに位置づけているにもかかわらず、第1表の「生活援助中心型の算定理由」に、その算定理由が記載されていない。

　　改善・ワンランクアップのためのヒント

> 「生活援助中心型」について、何をもって、「中心型」とするのか、具体的な定義はありません。生活援助をケアプランに位置づけている場合は、その算定理由を記載することが求められます。
> 例：家族が日中仕事をしています。
> 　　家族に持病があります。
>
> また、「生活援助中心型」の単位を算定する場合は、「生活全般の解決すべき課題（ニーズ）」の解決に必要かつ最適なサービスの内容とその方針を記載することが求められていることも心にとめておきます。
> この場合、第1表の「総合的援助な援助の方針」及び第2表の「サービス内容」の欄に記載することになりますが、第1表の「生活援助中心型の算定理由」に明記してあれば、「総合的な援助の方針」及び「サービス内容」に記載する必要があるかどうか、判断したうえで、記載することでよいでしょう。

### ◢ さらにワンランク上を目指すために

① 　訪問介護を利用する際は、「サービス内容」の欄に、「生活援助」と「訪問介護」の区別がわかるよう、記載してください。

② 　障害や疾病がなくても、そのほかの事情から家事が困難なときも、利用できる場合があります（例えば、家族が高齢で筋力が低下し、できない家事がある場合、介護によって利用者と家族が共倒れになるなどの深刻な問題が起きてしまうおそれがある場合など）。

# 40

# 訪問介護（介護報酬）
## 「通院等乗降介助」の単位を算定する場合

「通院等乗降介助」の単位を算定する場合、あらかじめ居宅サービス計画に位置づけるとともに、理由などを記載してください

---

### わかったつもり…にしない運営基準

○「通院等乗降介助」の単位を算定するには、あらかじめ居宅サービス計画に位置づけられ、次の①〜③が明確に記載されている必要があります。

① 通院等に必要であることその他車両への乗降が必要な理由
② 利用者の心身の状況から乗降時の介助行為を要すると判断した旨
③ 総合的な援助の一環として、解決すべき課題に応じた他の援助と均衡していること

> 根拠：留意事項通知（訪問通所サービス等）第2-2-(7)

---

### 運営指導の"あるある"と改善・ワンランクアップのためのヒント

■"あるある"のその①

・「通院等乗降介助」の単位を算定するにあたり、ケアプランに、単に「通院が難しい」「通院にあたり家族の支援を受けることができない」としか書かれていない。

**改善・ワンランクアップのためのヒント**

> 通院などが（利用者1人でまたは家族などの介助で）難しい理由及び車両への乗降が必要な理由を記載します。ケアプランの記載場所が指定されているわけではありません。
>
> ①・③の例：アパートの階段昇降が本人及び家族サポートでは難しいため外出についてサポートいたします（第1表「総合的な援助の方針」）

②の例：階段昇降の際、転倒する不安があるが、外出したい（第2表「生活全般の解決すべき課題（ニーズ）」）

■ "あるある" のその②

・通院等乗降介助がケアプランに位置づけられていたが、自宅近くのスーパーまで30分の距離を歩いていける状態だった（他の援助と均衡がとれていない）。

**改善・ワンランクアップのためのヒント**

通院等乗降介助がケアプランに位置づけられているにもかかわらず、「本人ができること・していること（この場合、歩いて30分の距離にあるスーパーまで買い物にいける）」との均衡がとれていない場合には、不適当（根拠が薄い）と判断される場合があります。利用者の状態像を適切にアセスメントすることが必要です。

# 41

# 訪問介護（介護報酬）
## 早朝・夜間、深夜の訪問介護の取り扱い

早朝・夜間、深夜の訪問介護は、サービスの開始時刻が、居宅サービス計画（または訪問介護計画）において加算の対象となる時間帯にある場合に算定できます

---

### わかったつもり…にしない運営基準

○居宅サービス計画または訪問介護計画に、訪問介護の開始時刻が加算の対象となる時間帯にある場合に、加算を算定します。

　加算の対象となる時間帯は次のとおりです。

　早朝：午前6時から午前8時

　夜間：午後6時から午後10時

　深夜：午後10時から午前6時

○ただし、利用時間が長時間にわたる場合に、加算の対象となる時間帯におけるサービス提供時間が全体のサービス提供時間に占める割合がごくわずかな場合は、加算は算定できません。

> 根拠：留意事項通知（訪問通所サービス等）第2−2−⑬

---

### 運営指導の"あるある"と改善・ワンランクアップのためのヒント

■ "あるある"のその①

・サービスの開始時刻が加算の対象となる時間帯にあるかどうか、ケアプラン（第2表や第3表）から読みとることができない。

　　改善・ワンランクアップのためのヒント

> 第3表（週間サービス計画表）におけるサービスの開始時刻が加算の対象時間帯になっていない（ズレている）ということがないよう確認してください。また、第2表の「頻度」の欄を活用することでサービスの開始時

刻が加算の対象時間帯にあるかどうか、より明確になります。

例：週2回　5：00〜6：30（第2表「頻度」）

■ "あるある" のその②
・「利用者及び家族の生活に対する意向を踏まえた課題分析の結果」をみても、加算の対象となる時間帯に訪問介護を提供する必要があるのかどうかわかりにくい。

### 改善・ワンランクアップのためのヒント

利用者の生活状況に応じたサポートが必要ですから、課題分析表などに、「利用者の生活状況（生活リズム）」「その支援が必要な状態」を明記し、その時間帯に支援が必要な理由がわかるようにしておくことが大切です。

**Plus α**

## あわせて確認したい…介護報酬

■ 「全体のサービス提供時間に占める割合がごくわずかな場合」の「ごくわずか」とは
「加算の対象となる時間帯におけるサービス提供時間が全体のサービス提供時間に占める割合がごくわずかな場合」の「ごくわずか」がどの程度の時間、割合をいうのか明確な規定は見当たりません。

　1例として、政令指定都市であるA市が作成する「訪問介護・運営の手引き」（令和5年度）には、「ごくわずか」について、「明確な決まりはありませんが、介護支援専門員や利用者等と相談の上、利用者ごとに、サービス全体を考えて個別に判断することとなります」とあります。

　「ごくわずか」にあたるかどうか、判断に迷う場合には保険者に確認することが大切です。

# 42

# 訪問介護（介護報酬）
## 生活機能向上連携加算

令和6年度
改正なし

生活機能向上連携加算の算定には、「生活機能の向上を目的とした訪問介護計画」が求められます。その達成目標は、介護支援専門員の意見もふまえて策定されます

---

> ### わかったつもり…にしない運営基準

○生活機能向上連携加算の算定には、「生活機能の向上を目的とした訪問介護計画」の作成が求められます。達成目標は、利用者の意向及び利用者を担当する介護支援専門員の意見もふまえて策定します。

> 根拠：留意事項通知（訪問通所サービス等）第2-2-㉒

○生活機能向上連携加算は(I)と(II)に分かれます。

**生活機能向上連携加算(I)**
サービス提供責任者が、訪問リハビリテーション事業所など[*1]の医師、理学療法士など[*2]の助言に基づいて、生活機能の向上を目的とした訪問介護計画を作成することで算定できます。

**生活機能向上連携加算(II)**
訪問リハビリテーション事業所などの医師、理学療法士などが利用者の居宅を訪問する際、サービス提供責任者が同行するなどして、医師、理学療法士などと共同して利用者の身体状況などを評価したうえで、生活機能の向上を目的とした訪問介護計画を作成することで算定できます。

---

[*1] 訪問リハビリテーション事業所など
　　訪問リハビリテーション事業所、通所リハビリテーション事業所、リハビリテーションを実施している医療提供施設（病院、診療所など）
[*2] 医師、理学療法士など
　　医師、理学療法士、作業療法士または言語聴覚士

　「生活機能の向上を目的とした訪問介護計画」における達成目標は、ケアマネジャーの意見をふまえて策定されます。そのポイントは次のとおりです。

・居宅サービス計画

　「生活全般の解決すべき課題（ニーズ）」もしくは「サービス内容」の欄に、生活機能向上連携加算の算定理由及び支援内容が理解できるよう記載しておくことが必要です。

・訪問介護計画

　ケアマネジャーの意見を訪問介護事業所へ伝えている、もしくは、訪問介護事業所から意見を求められていることが必要です。

・訪問介護計画の確認

　ケアプランと訪問介護計画書の連動性と整合性について確認する際、ケアマネジャーの意見が反映された訪問介護計画になっているかどうか確認します。

# 43

# 訪問看護（介護報酬）
## 早朝・夜間、深夜の訪問看護の取り扱い

令和6年度
改正なし

早朝・夜間、深夜の訪問看護は、サービスの開始時刻が、居宅サービス計画（または訪問看護計画）において加算の対象となる時間帯にある場合に算定できます

---

### わかったつもり…にしない運営基準

○居宅サービス計画または訪問看護計画に、訪問看護の開始時刻が加算の対象となる時間帯にある場合に、加算を算定します。

加算の対象となる時間帯は次のとおりです。

早朝：午前6時から午前8時

夜間：午後6時から午後10時

深夜：午後10時から午前6時

○ただし、利用時間が長時間にわたる場合に、加算の対象となる時間帯におけるサービス提供時間が全体のサービス提供時間に占める割合がごくわずかな場合は、加算は算定できません。

根拠：留意事項通知（訪問通所サービス等）第2-4-(11)

---

### 運営指導の"あるある"と改善・ワンランクアップのためのヒント

■"あるある"のその①

・サービスの開始時刻が加算の対象となる時間帯にあるかどうか、ケアプラン（第2表や第3表）から読みとることができない。

改善・ワンランクアップのためのヒント

第3表（週間サービス計画表）におけるサービスの開始時刻が加算の対象時間帯になっていない（ズレている）ということがないよう確認してください。また、第2表の「頻度」の欄を活用することでサービスの開始時

刻が加算の対象時間帯にあるかどうか、より明確になります。

例：週2回　19：00～19：30（第2表「頻度」）

■ "あるある" のその②
・「利用者及び家族の生活に対する意向を踏まえた課題分析の結果」をみても、加算の対象となる時間帯に訪問看護を提供する必要があるのかどうかわかりにくい。

改善・ワンランクアップのためのヒント

医師の指示書に基づき、利用者の生活状況に応じたサポートが必要ですから、課題分析表などに、「利用者の生活状況（生活リズム）」「その支援が必要な状態」を明記し、その時間帯に支援が必要な理由がわかるようにしておくことが大切です。

Plus α

あわせて確認したい…介護報酬

■ 「全体のサービス提供時間に占める割合がごくわずかな場合」の「ごくわずか」とは
「加算の対象となる時間帯におけるサービス提供時間が全体のサービス提供時間に占める割合がごくわずかな場合」の「ごくわずか」がどの程度の時間、割合をいうのか明確な規定は見当たりません。
「ごくわずか」にあたるかどうか、判断に迷う場合には保険者に確認することが大切です。

# 44

# 訪問看護（介護報酬）
## 緊急時訪問看護加算

緊急時訪問を行った場合、居宅サービス計画を変更してください

---

> ### わかったつもり…にしない運営基準

○計画的に訪問することになっていない緊急時訪問を行った場合に、その訪問にかかった所要時間に応じた所定単位数を算定します。この場合、居宅サービス計画の変更が必要です。

○緊急時訪問看護加算を介護保険で請求した場合、同じ月に次の加算は算定できません。

・定期巡回・随時対応型訪問介護看護を利用した場合における緊急時訪問看護加算
　→　×（算定できない）

・看護小規模多機能型居宅介護を利用した場合における緊急時対応加算　→　×
（算定できない）

・医療保険における訪問看護を利用した場合の24時間対応体制加算　→　×（算定できない）

> 根拠：留意事項通知（訪問通所サービス等）第2－4－⒅

---

### column

### 訪問看護などにおける24時間対応体制の充実

　緊急時訪問看護加算については、令和6年度介護報酬改定において、訪問看護などにおける24時間対応体制を充実させるため、夜間対応する看護師等の勤務環境に配慮した場合を評価する新たな区分が設けられました。

緊急時訪問看護加算の要件など

| | |
|---|---|
| 事業所の体制 | ・利用者またはその家族等から電話等により看護に関する意見を求められた場合に常時対応できる体制<br>・緊急時訪問を行うことのできる体制<br>・その訪問看護事業所以外の事業所またはその訪問看護事業所以外の事業所の従事者を経由する連絡相談体制や、訪問看護事業所以外の者が所有する電話を連絡先とすることは認められません。また、緊急時訪問看護加算にかかる連絡相談に応じる担当者は、原則としてその訪問看護事業所の保健師または看護師とします。<br>・ただし、マニュアルの整備など、あらかじめ定められた要件を満たし、利用者または家族等による連絡相談に支障が出ない体制を構築している場合には、その訪問看護事業所の保健師または看護師以外の職員に連絡相談を担当させても差し支えありません。 |
| その他 | ・緊急時訪問を行う体制にある場合には加算を算定することを説明し、同意を得た場合に加算します。<br>・緊急時訪問を行った場合は、所要時間に応じた所定単位数を算定します。この場合、居宅サービス計画の変更が必要です。<br>・緊急時訪問を行った場合、早朝・夜間、深夜の訪問看護にかかる加算は算定できません。ただし、1月以内の2回目以降の緊急時訪問については、早朝・夜間、深夜の訪問看護にかかる加算が算定できます。<br>・緊急時訪問看護加算は、1人の利用者に対し、1か所の事業所に限り算定できます。利用者に説明する際は、他の事業所から緊急時訪問看護加算にかかる訪問看護を受けていないかどうか確認します。 |

## 運営指導の "あるある" と改善・ワンランクアップのためのヒント

■ " あるある " のその①

・緊急時訪問看護加算を算定しているにもかかわらず、ケアプランを見直していない。また、加算を算定することを説明し、同意を得たことがわからない。

**改善・ワンランクアップのためのヒント**

> 加算を算定する場合には、利用者などに対する説明と・同意が必要です。そのタイミングは、支援を受ける前が望ましいといえます。
> また、加算を算定した場合にはケアプランの変更が必要です。また、変更した際には利用者等に対する説明・(同意)・交付を行うようにして下さい。

### さらにワンランク上を目指すために

「緊急時訪問」という点で、緊急時訪問介護加算（訪問介護）と似ていますが、そのプロセスは同じではありませんので注意してください（No.57参照）。

**45**

# 通所介護（介護報酬）
## 送迎に要する時間に含まれるもの

居宅サービス計画（及び通所介護計画）に位置づけたうえで実施する場合、送迎時の介助などに必要な時間を「所要時間」に含めることができます

---

> わかったつもり…にしない運営基準

○通所介護費の算定にあたり、「所要時間」には、送迎に必要な時間を含めることはできません。

○ただし、送迎時に実施した居宅内での介助等（着替え、ベッド・車いすへの移乗、戸締まり等）に要する時間は、次のいずれの要件も満たす場合、1日30分以内を限度として、通所介護を行うのに要する時間に含めることができます。

① 居宅サービス計画及び通所介護計画に位置づけたうえで実施されていること
② 介護福祉士などのほか一定の要件を満たした介護職員が送迎時に居宅内での介助等を行うこと

> 根拠：留意事項通知（訪問通所サービス等）第2−7−(1)

○なお、「居宅内での介助等」を実施した時間を所要時間として、居宅サービス計画及び個別サービス計画に位置づけた場合、算定する報酬区分の所要時間が利用者ごとに異なる場合が生じても構わないとされています。

> 根拠：「「平成27年度介護報酬改定に関するQ&A（平成27年4月1日）」の送付について」（平成27年4月1日事務連絡）問55

○利用者の送迎については、利用者の自宅と事業所との間で行われることが原則です。ただし、運営上支障がなく、例えば、近隣の親戚の家など、利用者の居住実態がある場所で利用者とその家族の同意が得られている場合に限り、その場所への送迎に減算は適用されません（通所リハビリテーションも同様）。

なお、介護予防・日常生活支援総合事業の介護予防・生活支援サービス事業における通所型サービス、介護予防通所リハビリテーション、療養通所介護、小規模多機能型居宅介護、看護小規模多機能型居宅介護についても同様に取り扱うこととして差し支えないとされています。

> 根拠：「「令和6年度介護報酬改定に関するQ&A（Vol.1）（令和6年3月15日）」の送付について」（令和6年3月15日事務連絡）問65

○事業所が、他の事業所の従業員と雇用契約を結び、自身の事業所の従業員として送迎を行う場合や、契約を結んで送迎業務を委託している場合（共同での委託を含む）には、責任の所在等を明確にしたうえで、他の事業所の利用者と同乗することができます。障害福祉サービス事業所の従業員と雇用契約を結んだ場合や障害福祉サービス事業所と委託契約（共同での委託を含む）を結んだ場合も同様です。この場合の障害福祉サービス事業所とは、同一敷地内にある事業所、併設・隣接事業所など、利用者の利便性を損なわない範囲内の事業所とされています（通所リハビリテーションも同様）。

なお、介護予防・日常生活支援総合事業の介護予防・生活支援サービス事業における通所型サービス、介護予防通所リハビリテーション、療養通所介護、小規模多機能型居宅介護、看護小規模多機能型居宅介護についても同様に取り扱うこととして差し支えないとされています。

> 根拠：「「令和6年度介護報酬改定に関するQ&A（Vol.1）（令和6年3月15日）」の送付について」（令和6年3月15日事務連絡）問66

## 運営指導の"あるある"と改善・ワンランクアップのためのヒント

■ "あるある"のその①

・「通所介護を行うのに要する時間」には、送迎に要する時間は含まれないにもかかわらず、送迎の間の時間（送迎車に乗っている時間）を算定している。

### 改善・ワンランクアップのためのヒント

① まず、送迎の際の、着替え、ベッド・車いすへの移乗などの状態についての課題分析の結果を明確にします（着替えや移乗などが難しい、送り出しが難しいその状況と理由）。

② それらの行為に対するおおよその所要時間を明確にします。

③ その場合、ケアプランに位置づけるとともに、通所介護計画においても、例えば、事業所から迎えに行った際に着替えと移乗の介助に15分、自宅に送った際に15分というように、送迎の際のサービス内容と時間を記すよう求めなければなりません。

④ 「送迎に要する時間に含まれるもの」にかかわる取り扱いについて、ケアマネジャーの理解が十分でない場合、送迎時間に居宅内での介助等が含まれていたとしても、それがわかりませんから、適切な給付管理にはつながりません。

### さらにワンランク上を目指すために

　介護報酬の算定における、所要時間による区分の取り扱いについて、ルールが規定されているものの、（そもそも）このようなサポートを行う通所介護事業所がない（非常に少ない）という事実があります（通所リハビリテーションも同様）。

　送迎時の居宅内での介助等が、事業所に義務づけられていないため、送迎時の介助等は訪問介護で補っていることが現実には多いといえます。

　なお、「介助等」の内容と介助等を行う職員の要件がわずかに異なるほか、通所リハビリテーションにおける「所要時間による区分の取扱い」とほぼ同様です（No.47参照）。

# 46

## 通所介護（介護報酬）／
## 通所リハビリテーション（介護報酬）
### 入浴介助加算

令和6年度
改正

入浴介助加算(Ⅱ)は、利用者が自分自身で入浴ができるようになることが目的です。
居宅を訪問し、浴室における利用者の動作及び浴室の環境を評価してください

---

### わかったつもり…にしない運営基準

○入浴介助加算は、(Ⅰ)と(Ⅱ)とに分かれ、(Ⅰ)(Ⅱ)ともに入浴介助を適切に行うことができる人員と設備があり、入浴中の利用者の観察を含む介助を行う場合に算定します。

○入浴介助加算(Ⅱ)は、利用者が居宅で、自分自身でまたは家族やホームヘルパーなどの介助によって入浴ができるようになることを目的とします。その算定にあたっては、医師、理学療法士、作業療法士、言語聴覚士、介護支援専門員などのほか、浴室の環境の評価を行うことができる福祉用具専門相談員などが利用者の居宅を訪問し、浴室での利用者の動作や浴室の環境を評価します（言語聴覚士については通所リハビリテーションの場合のみ）。

○ただし、医師などによる利用者の居宅への訪問が困難な場合には、医師などの指示の下、介護職員が利用者の居宅を訪問し、情報通信機器等を活用して把握した浴室における利用者の動作及び浴室の環境をふまえ、医師などが評価及び助言を行っても差し支えないものとされています。

○評価を通じ、（居宅での）入浴が可能であると判断された場合は、通所介護事業所・通所リハビリテーション事業所との情報共有が求められます。

○一方、評価によって、（居宅での）入浴が難しいと認められる場合は、訪問した医師などが、介護支援専門員や福祉用具専門相談員と連携し、福祉用具の貸与・購入または住宅改修等の浴室の環境整備にかかる助言を行います。

> 根拠：厚生労働大臣が定める基準（厚生労働省告示第95号）第14号の3
> 留意事項通知（訪問通所サービス等）第2－7－⑽（通所介護）
> 厚生労働大臣が定める基準（厚生労働省告示第95号）第24号の4
> 留意事項通知（訪問通所サービス等）第2－8－⑿（通所リハビリテーション）

## 運営指導の"あるある"と改善・ワンランクアップのためのヒント

■ "あるある"のその①

・ 入浴介助加算(I)を算定しているにもかかわらず、ケアプランから算定の根拠や、加算に基づくサービス内容がわからない。

### 改善・ワンランクアップのためのヒント

自宅での入浴が難しい理由（状況）をアセスメントしたうえで、利用者の自立支援を目的とした入浴介助を行うことが必要です。

したがって、第2表の「生活全般の解決すべき課題（ニーズ）」や「サービス内容」に、自宅での入浴が難しい理由（自立を阻害する要因）や具体的な介助の方法を明記することが求められます。

例：

生活全般の解決すべき課題（ニーズ）

○浴室環境から自宅での入浴が難しく、衛生的な心配がある

長期目標

○衛生的に暮らせること

短期目標

① 全身の洗身ができること

② 濡れタオルで前部（顔・手・腕等）をふけること

サービス内容

① 身体の前部を洗います（セルフケア（本人））

② 身体の後部を洗います（通所介護）

> 通所介護計画（個別サービス計画との連動）
>
> ① 着替えについては、声かけ支援します。
>
> ② 右膝に不安があるため、脱衣場から浴室に移動する際は、からだの真横について支援します。
>
> ③ 洗身の際は、前部はご自分で洗っていただき、洗髪と後部は支援します。

■ "あるある" のその②

・ 入浴介助加算（Ⅱ）を算定しているにもかかわらず、算定する際の前提である「浴室での利用者の動作や浴室の環境評価」が十分であるとはいえない。

改善・ワンランクアップのためのヒント

① 課題分析において、居宅の浴室における利用者の動作（浴室内の移動、浴室への出入り、浴室での立ち上がりなど）や浴室の環境（浴室の広さ、床の滑り具合、浴室と脱衣室との間の段差の有無・その高さ、浴室内の温度管理など）について、具体的に把握します。

② それらの結果について通所介護（通所リハビリテーション）事業者と共有してください。

③ 利用者の動作及び浴室の環境の評価を、通所介護（通所リハビリテーション）事業者の理学療法士や作業療法士が行った場合は、その内容（結果）を共有します（①は、加算要件であるとともに、基本的な課題分析において把握すべき内容であるともいえます）。

▐ さらにワンランク上を目指すために

・ 要件のひとつである、居宅の浴室での利用者の動作や浴室の環境に対する評価が十分でなく、単に、「（入浴が）難しい」「（浴室が）狭い」「エプロンが高い（またぎが高い）」という、短絡的な評価にとどまっている場合があります。例えば、ケアプランに、「エプロンが高い（またぎが高い）」とあるにもかかわらず、（ケアマネジャーが）浴槽のエプロンの実際の高さを知らない（測ったことがない）というケースです。これでは、自宅の浴室で入浴するという目標に向かうことはできません。

・ また、評価の結果、（居宅での）入浴が難しいと認められる場合、利用者・ケアマネジャーなどに対して行われるはずの、福祉用具の貸与・購入、浴室の環境整備にかかわる助言を受けていないケースがあります。

改善・ワンランクアップのためのヒント

事業所によっては、「入浴を提供する利用者全員から加算をいただいています」と、1人ひとりの状況や必要性などに関係なく、加算の算定をケアマネジャーに打診してくるケースもあるようです。あくまでも1人ひとりのニーズに対するサポートを前提として判断します。

○入浴介助加算は、入浴中の利用者の「観察」を含む介助を行う場合に算定します。

○この場合の「観察」とは、自立生活支援のための見守り的援助のことをいいます。利用者の自立支援や日常生活動作能力などの向上のために、できるだけ利用者自身の力で入浴し、必要に応じて介助、転倒予防のための声かけ、気分の確認などを行います。結果として、身体に直接ふれる介助を行わなかった場合でも、加算の対象になります。なお、利用者の自立生活を支援するうえで最もふさわしいと考えられる入浴手法が、部分浴（シャワー浴含む）等である場合は、部分浴等を含みます。

根拠：留意事項通知（訪問通所サービス等）第2−7−⑽（通所介護）
　　　留意事項通知（訪問通所サービス等）第2−8−⑿（通所リハビリテーション）

**47**

# 通所リハビリテーション
## （介護報酬）
## 送迎に要する時間に含まれるもの

改正

居宅サービス計画（及び通所リハビリテーション計画）に位置づけたうえで実施する場合、送迎時の介助などに必要な時間を「所要時間」に含めることができます

---

> わかったつもり…にしない運営基準

○通所リハビリテーション費の算定にあたり、「所要時間」には、送迎に要する時間を含めることはできません。

○ただし、送迎時に実施した居宅内での介助等（電気の消灯・点灯、窓の施錠、着替え、ベッドへの移乗等）に要する時間は、次のいずれの要件も満たす場合、1日30分以内を限度として、通所リハビリテーションを行うのに要する時間に含めることができます。

① 居宅サービス計画及び通所リハビリテーション計画に位置づけたうえで実施されていること

② 理学療法士などのほか一定の要件を満たした介護職員が送迎時に居宅内での介助等を行うこと

> 根拠：留意事項通知（訪問通所サービス等）第2−8−(1)

○なお、「居宅内での介助等」を実施した時間を所要時間として、居宅サービス計画及び個別サービス計画に位置づけた場合、算定する報酬区分の所要時間が利用者ごとに異なる場合が生じても構わないとされています。

> 根拠：「「平成27年度介護報酬改定に関するQ&A（平成27年4月1日）」の送付について」（平成27年4月1日事務連絡）問55

○利用者の送迎については、利用者の自宅と事業所との間で行われることが原則です。ただし、運営上支障がなく、例えば、近隣の親戚の家など、利用者の居住実態がある場所で利用者とその家族の同意が得られている場合に限り、その場所への送迎に減算は適用されません（通所介護も同様）。

なお、介護予防通所リハビリテーション、介護予防・日常生活支援総合事業の介護予防・生活支援サービス事業における通所型サービス、療養通所介護、小規模多機能型居宅介護、看護小規模多機能型居宅介護についても同様に取り扱うこととして差し支えないとされています。

> 根拠：「「令和6年度介護報酬改定に関するQ&A（Vol.1）（令和6年3月15日）」の送付について」（令和6年3月15日事務連絡）問65

○事業所が、他の事業所の従業員と雇用契約を結び、自身の事業所の従業員として送迎を行う場合や、契約を結んで送迎業務を委託している場合（共同での委託を含む）には、責任の所在等を明確にしたうえで、他の事業所の利用者と同乗することができます。障害福祉サービス事業所の従業員と雇用契約を結んだ場合や障害福祉サービス事業所と委託契約（共同での委託を含む）を結んだ場合も同様です。この場合の障害福祉サービス事業所とは、同一敷地内にある事業所、併設・隣接事業所など、利用者の利便性を損なわない範囲内の事業所とされています（通所介護も同様）。

なお、介護予防通所リハビリテーション、介護予防・日常生活支援総合事業の介護予防・生活支援サービス事業における通所型サービス、療養通所介護、小規模多機能型居宅介護、看護小規模多機能型居宅介護についても同様に取り扱うこととして差し支えないとされています。

> 根拠：「「令和6年度介護報酬改定に関するQ&A（Vol.1）（令和6年3月15日）」の送付について」（令和6年3月15日事務連絡）問66

■ "あるある"のその①

・「通所リハビリテーションを行うのに要する時間」には、送迎に要する時間は含まれないにもかかわらず、送迎の間の時間（送迎車に乗っている時間）を算定している。

改善・ワンランクアップのためのヒント

① まず、送迎の際の、着替え、ベッド・車いすへの移乗などの状態についての課題分析の結果を明確にします（着替えや移乗などが難しい、送り出しが難しいその状況と理由）。

② それらの行為に対するおおよその所要時間を明確にします。

③ その場合、居宅サービス計画に位置づけるとともに、通所リハビリテーション計画においても、例えば事業所から迎えに行った際に着替えと移乗の介助に15分、自宅に送った際に15分というように、送迎の際のサービス内容と時間を記すよう求めなければなりません。

④ 「送迎に要する時間に含まれるもの」にかかわる取り扱いについて、ケアマネジャーの理解が十分でない場合、送迎時間に居宅内での介助等が含まれていたとしても、それがわかりませんから、適切な給付管理にはつながりません。

### さらにワンランク上を目指すために

　介護報酬の算定における、所要時間による区分の取り扱いについて、ルールが規定されているものの、（そもそも）このようなサポートを行う通所リハビリテーション事業所がない（非常に少ない）という事実があります（通所介護も同様）。

　送迎時の居宅内での介助等が、事業所に義務づけられていないため、送迎時の介助等は訪問介護で補っていることが現実には多いといえます。

　なお、「介助等」の内容と介助等を行う職員の要件がわずかに異なるほか、通所介護における「所要時間による区分の取扱い」とほぼ同様です（No.45参照）。

# 48

# 通所介護（介護報酬）／通所リハビリテーション（介護報酬）

令和6年度改正

## 栄養アセスメント加算／栄養改善加算

栄養アセスメント加算：介護支援専門員とサービス提供事業者との間で利用者の情報を共有します

栄養改善加算：介護支援専門員は、サービス提供事業者から栄養状態の評価の結果にかかわる情報の提供を受けます

## わかったつもり…にしない運営基準

○通所サービスにおける栄養ケア・マネジメントは、①利用開始時における栄養スクリーニング→②栄養アセスメントの実施→③栄養ケア計画の作成→④利用者及び家族への説明→⑤栄養ケアの実施→⑥実施上の問題点の把握→⑦モニタリングの実施→⑧再スクリーニングの実施→⑨栄養ケア計画の変更及び終了時の説明等という手順で行われます。

○栄養アセスメント加算の算定にあたって行われる栄養アセスメントでは、低栄養状態にある利用者またはそのおそれのある利用者について、介護支援専門員と情報を共有し、栄養改善加算にかかる栄養改善サービスの提供を検討するように依頼がなされます

○栄養改善加算の算定にあたって行われる栄養改善サービスでは、サービス提供事業者は、利用者の栄養状態に応じて、定期的に、利用者の生活機能の状況を検討するとともに、おおむね3か月ごとに体重を測定するなどにより栄養状態を評価し、その結果を、利用者を担当する介護支援専門員や主治医に対して提供することになっています。

○栄養アセスメント加算と栄養改善加算の同時算定はできません。

根拠：留意事項通知（訪問通所サービス等）第2−7−⑰・⑱（通所介護）
留意事項通知（訪問通所サービス等）第2−8−⑱・⑲（通所リハビリテーション）
「リハビリテーション・個別機能訓練、栄養、口腔の実施及び一体的取組について」（令和6年3月15日老高発0315第2号・老認発0315第2号・老老発0315第2号）

## 運営指導の"あるある"と改善・ワンランクアップのためのヒント

### ■ "あるある"のその①

・ケアマネジャーによるアセスメント（またはモニタリング）の結果、BMI（Body Mass Index）が18.5以下であるにもかかわらず、それを課題として認識していない、その原因を分析していない、課題として位置づけるかどうか検討していない。

**改善・ワンランクアップのためのヒント**

> アセスメントによって、栄養に関するニーズがあると判断したときは、まず利用者等にその事実を伝えたうえで、対策を講じます。サービス内容の検討と決定というプロセスへのかかわりが重要になります。

### ■ "あるある"のその②

・加算を算定しているにもかかわらず、ケアプランから、その必要性を読み取ることができない。

**改善・ワンランクアップのためのヒント**

> 栄養改善加算は、居宅介護支援におけるアセスメントと、その結果に基づくニーズとしてその必要性が判断され、ケアプランに位置づけられている必要があります。
> したがって、「生活全般の解決すべき課題（ニーズ）」及び「サービス内容」を通じて、その加算の算定が必要な理由を読み取ることができなければなりません。

### ■ "あるある"のその③

・加算が算定されているにもかかわらず、ケアプランと栄養ケア計画との間の整合性が確保されていない。

**改善・ワンランクアップのためのヒント**

> サービス提供事業者が作成した栄養ケア計画原案については、サービス担当者会議に事業所を通じて報告され、関連職種との話し合いのもと、栄養ケア計画として完成します。栄養ケア計画の内容は、ケアプランに適切に反映させるものとされています。

加算の算定にあたり、居宅サービス計画にニーズやサービス内容が記載されている必要があります。

例：体重が3か月で4キロ減りました（第2表「生活全般の解決すべき課題（ニーズ）」）

栄養状態に合わせた食事及び助言をします（第2表「サービス内容」）

### さらにワンランク上を目指すために

①　栄養改善加算の算定にあたっては、栄養ケア計画の作成が要件の1つとされています。にもかかわらず、運営指導では、栄養ケア計画がつくられていないケースがみられます。また、「おおむね3か月ごとに」行われる体重測定や栄養状態の評価の結果を、ケアマネジャーが受けとっていない（事業者から提供されていない）といったケースもあります。「要件そのものを知らなかった」「知ってはいたもののそのままにしていた」など、理由はさまざまです。

②　サービス提供事業者が算定する加算の要件はケアマネジャーが把握すべきことでもあります。事業者から報告があった場合、その内容と、ケアプランに位置づけた課題や目標との間に齟齬が生じていないか、整合性が保たれているか、連動しているかどうか確認します。課題と目標との間に食い違いがある、整合性が保たれていないなどがみつかった場合、事業者と調整を重ねて、必要に応じてケアプランの見直しなどにつなげます。

### column

（そもそも）栄養アセスメント加算を算定しているケースは多くはありません。栄養ケア・マネジメントの提供体制の構築にあたっては、他の介護事業所、医療機関、介護保険施設、日本栄養士会（または都道府県栄養士会）が設置し、運営する「栄養ケア・ステーション」との連携が可能とされているものの、人員（管理栄養士）の確保などが困難であることなどが理由として考えられます。

一方で、栄養にかかわるニーズは増加傾向にあると思われます。

# 49

# 訪問介護（介護報酬）／訪問看護（介護報酬）など
## 口腔連携強化加算

介護支援専門員は、事業所の従業者が、利用者の口腔の健康状態の評価を実施した場合、その評価結果について、情報提供を受けてください

## わかったつもり…にしない運営基準

○口腔連携強化加算は、居宅サービス事業所などが口腔の健康状態を評価する方法や在宅歯科医療などについて歯科医療機関に相談できる体制を構築するとともに、口腔の健康状態の評価の実施、歯科医療機関及び介護支援専門員に対する情報提供を評価するものです。

○口腔の健康状態と歯科専門職の確認を必要とする状態にある利用者を把握し、歯科専門職による適切な口腔管理の実施につなげることが目的です。

○口腔連携強化加算は、訪問介護、短期入所生活介護、短期入所療養介護、・訪問看護、訪問リハビリテーションなど、幅広いサービスに設けられています。

**表　口腔連携強化加算が算定できるサービス**

| | |
|---|---|
| 訪問介護<br>訪問看護<br>訪問リハビリテーション<br>短期入所生活介護<br>短期入所療養介護<br>定期巡回・随時対応型訪問介護看護 | 介護予防訪問看護<br>介護予防訪問リハビリテーション<br>介護予防短期入所生活介護<br>介護予防短期入所療養介護 |

○居宅サービス事業所などの職員は、あらかじめ定められた様式を用いて口腔の健康状態を評価し、その情報を歯科医療機関及び利用者を担当する介護支援専門員に提供します。

○情報を提供された歯科医療機関は、相談に応じるとともに、歯科診療などの必要な歯科医療の提供について検討します。特に、歯科医師などによる確認の必要性が「高い」場合は、情報を提供した居宅サービス事業所及び利用者を担当する介護支援専門員などに利用者の状況を確認し、歯科診療の必要性について検討します。一方、歯科医師などによる確認の必要性が「低い」場合は、必要に応じて、情報を提供した居宅サービス事業所及び利用者を担当する介護支援専門員などに問い合わせるといった対応をとるとされています。

○居宅サービス事業所などは、必要に応じて介護支援専門員を通じて主治医にも情報提供などの適切な措置を講ずることとされています。

○口腔連携強化加算を算定する事業所は、サービス担当者会議などを活用し決定することとされています。また、原則として、その事業所が加算に基づく口腔の健康状態の評価を継続的に実施します。

> 根拠：留意事項通知（訪問通所サービス等）第2-2-(23)
> 「リハビリテーション・個別機能訓練、栄養、口腔の実施及び一体的取組について」（令和6年3月15日）老高発0315第2号・老認発0315第2号・老老発0315第2号）

# 50

# 通所介護（介護報酬）／通所リハビリテーション（介護報酬）
## 口腔・栄養スクリーニング加算／口腔機能向上加算

口腔・栄養スクリーニング加算：介護支援専門員は、事業者が確認する、利用者の口腔の健康状態及び栄養状態について、その情報の提供を受けてください

口腔機能向上加算：介護支援専門員は、事業者が行う、口腔機能の状態の評価について、その情報の提供を受けてください

> わかったつもり…にしない運営基準

■ 口腔・栄養スクリーニング加算

○口腔・栄養スクリーニング加算にあたっては、①利用開始時及び②利用の期間中6か月ごとに利用者の口腔の健康状態及び栄養状態について確認し、その情報を担当する介護支援専門員に提供します。

○口腔・栄養スクリーニング加算の算定にあたり、事業所の介護職員などは、利用者のサービス利用開始時または事業所における口腔・栄養スクリーニング加算の算定開始時にスクリーニングを行います。利用者のスクリーニング結果は、利用者を担当する介護支援専門員に、あらかじめ定められた様式を参考にして、文書などで提供されます。

○また、事業所は、再スクリーニングを6か月ごとに実施するとともに、前回実施した際の結果と併せて介護支援専門員に提供されます。

○スクリーニングにあたり、口腔の健康状態が低下しているおそれのある場合は、かかりつけ歯科医への受診状況を利用者・家族などに確認し、必要に応じて受診を促すとともに、担当する介護支援専門員に対して、口腔機能向上サービスの提供を検討するように依頼することとされています。また、必要に応じて、介護支援専門員を通じて主治医にも情報提供を行うなど、必要に応じて適切な措置を講じます。

○低栄養状態にある利用者については、かかりつけ医への受診状況を利用者・家族などに確認し、必要に応じて受診を促すとともに、担当する介護支援専門員に対して、栄養改善サービスの提供を検討するように依頼します。

○具体的なスクリーニング項目は表のとおりです。

表　スクリーニング項目

| 口腔スクリーニング | ・硬いものを避け、柔らかいものばかり食べる<br>・入れ歯を使っている<br>・むせやすい |
| --- | --- |
| 栄養スクリーニング | ・BMI 18.5 未満<br>・直近 1 ～ 6 か月間における 3 ％以上の体重減少<br>・直近 6 か月間における 2 ～ 3 kg以上の体重減少<br>・血清アルブミン値（g／dl）3.5 g／dl 未満<br>・食事摂取量 75％以下 |

注：「リハビリテーション・個別機能訓練、栄養、口腔の実施及び一体的取組について」（令和 6 年 3 月 15 日老高発 0315 第 2 号・老認発 0315 第 2 号・老老発 0315 第 2 号）別紙様式 5 − 1

■ 口腔機能向上加算

○口腔機能向上加算の算定にあたっては、口腔機能向上サービスが提供されます。口腔機能向上サービスの手順は次のとおりです。

表　口腔機能向上加算の手続き

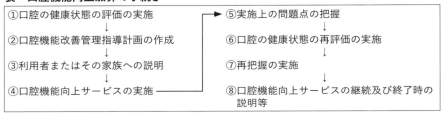

①口腔の健康状態の評価の実施
↓
②口腔機能改善管理指導計画の作成
↓
③利用者またはその家族への説明
↓
④口腔機能向上サービスの実施

⑤実施上の問題点の把握
↓
⑥口腔の健康状態の再評価の実施
↓
⑦再把握の実施
↓
⑧口腔機能向上サービスの継続及び終了時の説明等

○作成された口腔機能改善管理指導計画は、居宅サービス計画または介護予防サービス計画にも適切に反映させます。

○事業所のサービス担当者は、口腔衛生、摂食嚥下機能などに関する解決すべき課題を、3 か月ごとに把握し、事業所を通じて利用者を担当する介護支援専門員または介護予防支援事業者などにその情報を提供します。介護支援専門員または介護予防支援事業者などは、情報提供を受け、サービス担当者と連携して、口腔衛生、摂食嚥下機能などのリスクにかかわらず、3 か月ごとに把握します。

○事業所のサービス担当者は、総合的な評価を行い、口腔機能向上サービスを継続する、または終了する場合には、その結果を利用者・家族に説明するとともに、担当する介護支援専門員または介護予防支援事業者などにその情報を提供し、サービスを継続または終了します。

○評価の結果、医療が必要であると考えられる場合は、主治医または主治の歯科医師、介護支援専門員・介護予防支援事業者、関係機関（その他の居宅サービス事業所など）と連携を図るとされています。

○なお、口腔機能向上加算は、口腔機能向上サービスとして「摂食・嚥下機能に関する訓練の指導もしくは実施」を行っていない場合は算定できません。

> 根拠：厚生労働大臣が定める基準（厚生労働省告示第 95 号）第 19 号の 2
> 留意事項通知（訪問通所サービス等）第 2 − 7 −⒆・⒇（通所介護）
> 留意事項通知（訪問通所サービス等）第 2 − 8 −⒇・㉑（通所リハビリテーション）
> 「リハビリテーション・個別機能訓練、栄養、口腔の実施及び一体的取組について」（令和 6 年 3 月 15 日老高発 0315 第 2 号・老認発 0315 第 2 号・老老発 0315 第 2 号）

## 運営指導の"あるある"と改善・ワンランクアップのためのヒント

■ "あるある"のその①

・6 か月ごとに提供されるべき、利用者の口腔の健康状態及び栄養状態に関する情報をケアマネジャーが受けとっていない、もしくはその内容が十分でない。ケアマネジャーが加算の要件を知らない。

### 改善・ワンランクアップのためのヒント

> 加算の算定を通じて、利用者の口腔の健康状態及び栄養状態を把握するとともに、サービス事業所から報告を受け、必要に応じてケアプランの検討、見直しにつなげていくことになります。

## さらにワンランク上を目指すために

■ 口腔・栄養スクリーニング加算

・口腔・栄養スクリーニング加算は、栄養アセスメント加算、栄養改善加算とも深い関連性があります。栄養状態に課題のある利用者の場合、どの加算を算定することが最も適切であるのか検討し、また、利用者の抱える課題に対して、事業者がどのように対応できるのか、事業者に対するケアマネジャーのリサーチ能力とでもいうものが必要になるといえます。

■ 口腔機能向上加算

① 口腔機能向上加算の算定にあたっては、口腔機能改善管理指導計画（利用開始時に、言語聴覚士、歯科衛生士または看護職員が中心となって作成する。利用者・家族に説明し、同意を得る）の作成が要件のひとつです。口腔機能改善管理指導計画は、その内容を個別サービス計画に位置づけることでその作成に代えることができます。運営指導では、口腔機能向上加算を算定しているにもかかわらず、口腔機能改善

管理指導計画が作成されていない、口腔機能改善管理指導計画にあたる内容が個別サービス計画に位置づけられていないといったケースに出合います。

② また、3か月ごとに行われる口腔機能の評価の結果を、ケアマネジャーが提供されていない、（評価→ケアマネジャーに対する情報提供という）算定要件そのものをケアマネジャーが理解していない場合もみられます。

■ 口腔・栄養スクリーニング加算及び口腔機能向上加算とケアマネジメント

・運営基準に定められているとおり、利用者の口腔機能などにかかわる情報については、主治医・歯科医師、薬剤師の助言が必要であると判断したものを、主治医・歯科医師、薬剤師に提供することになっています。口腔・栄養スクリーニング加算と口腔機能向上加算はケアマネジメントの展開と密接なかかわりがあるといえます。単に、加算が算定できるかどうかだけでなく、加算の意義を理解したうえで、ケアマネジメントに活かすことが求められます。

**Plus α**

## あわせて確認したい…加算同士の関係

・口腔スクリーニングまたは栄養スクリーニングの一方のみを行う場合、口腔・栄養スクリーニング(Ⅱ)を算定することができます。

・口腔・栄養スクリーニング加算(Ⅰ)は、栄養アセスメント加算、栄養改善加算及び口腔機能向上加算と同時に算定することはできません（表）。

・口腔・栄養スクリーニング加算(Ⅱ)は、栄養アセスメント加算、栄養改善加算または口腔機能向上加算を算定していて、口腔・栄養スクリーニング加算(Ⅰ)を算定できない場合にのみ算定ができます（表）。

・栄養アセスメント加算、栄養改善加算、口腔・栄養スクリーニング加算の関係については表のようにまとめることができます。

・ただし、栄養アセスメント加算に基づく栄養アセスメントの結果、栄養改善加算の栄養改善サービスの提供が必要と判断された場合は、栄養アセスメント加算の算定月でも栄養改善加算を算定できるとされています（留意事項通知（訪問通所サービス等）第2−7−⒄（通所介護）・第2−8−⒅（通所リハビリテーション））。

・また、口腔・栄養スクリーニング加算に基づく口腔スクリーニングまたは栄養スクリーニングの結果、栄養改善加算の栄養改善サービスまたは口腔機能向上加算の口腔機能向上サービスの提供が必要だと判断された場合は、口腔・栄養スクリーニング加算の算定月でも栄養改善加算または口腔機能向上加算を算定できるとされています（留意事項通知（訪問通所サービス等）第2−7−⒆（通所介護）・第2−8−⒇（通所リハビリテーション））。

**表　口腔・栄養スクリーニング加算における、栄養アセスメント加算などとの関係**

| | | | | 同時算定 |
|---|---|---|---|---|
| 口腔・栄養スクリーニング加算(I)（注1） ＋ | | 栄養アセスメント加算<br>栄養改善加算<br>口腔機能向上加算 | | ✕ |
| 口腔・栄養スクリーニング加算(II) | | 栄養アセスメント加算、栄養改善加算または口腔機能向上加算を算定していて、口腔・栄養スクリーニング加算(I)を算定できない場合にのみ算定が可能 | | |
| ①、②のどちらかの場合に算定します。 | ① | ・栄養アセスメント加算を算定している<br>　　　　または<br>・栄養改善加算の栄養改善サービスを受けている間もしくは栄養改善サービスが終了した月であること（注2） | | ◯<br><br>◯ |
| | | ・口腔機能向上加算の口腔機能向上サービスを受けている間ではないこと及び口腔機能向上サービスが終了した月ではないこと | | ✕ |
| | ②<br>（注4） | ・栄養アセスメント加算を算定していない<br>　　　　かつ<br>・栄養改善加算の栄養改善サービスを受けている間ではない、または栄養改善サービスが終了した月ではない | | ✕<br><br>✕ |
| | | ・口腔機能向上加算の口腔機能向上サービスを受けている間であること及び口腔機能向上サービスが終了した月であること（注3） | | ◉ |

注1：口腔・栄養スクリーニング加算(I)は、他の介護サービスの事業所で口腔連携強化加算を算定している場合は算定できません。

注2：栄養状態のスクリーニングを行った結果、栄養改善サービスが必要であると判断され、栄養改善サービスが開始された日の属する月を除きます。

注3：口腔の健康状態のスクリーニングを行った結果、口腔機能向上サービスが必要であると判断され、口腔機能向上サービスが開始された日の属する月を除きます。

注4：口腔・栄養スクリーニング加算(II)の②の場合、他の介護サービスの事業所で口腔連携強化加算を算定している場合は算定できません。

栄養アセスメント加算、栄養改善加算、口腔・栄養スクリーニング加算の関係

| | 栄養アセスメント加算 | 栄養改善加算 | 口腔・栄養スクリーニング加算(I) | 口腔・栄養スクリーニング加算(II) |
|---|---|---|---|---|
| 栄養アセスメント加算 | — | × | × | ◯ |
| 栄養改善加算 | × | — | × | ◯ |
| 口腔・栄養スクリーニング加算(I) | × | × | — | × |
| 口腔・栄養スクリーニング加算(II) | ◯ | ◯ | × | — |

# 51

# 通所介護（介護報酬）／通所リハビリテーション（介護報酬）

**令和6年度 改正なし**

## 事業所と同一建物に居住する利用者などにサービスを提供する場合

事業所と同一建物に居住する、または同一建物から通う利用者で、例外として減算の対象とならない場合、2人以上の従業者による移動介助が必要な理由などを、サービス担当者会議等で慎重に検討してください

> ### わかったつもり…にしない運営基準

○①事業所と同一建物に居住する利用者、または②事業所と同一建物から通う利用者に通所介護・通所リハビリテーションを行う場合、所定単位数が減算されます。

○ただし、歩行が困難で、かつ建物の構造上自力で通うことが困難な利用者に対し、2人以上の従業者が、利用者の居住する場所と事業所の間の往復の移動を介助した場合に限り、減算の対象になりません。

○その場合、事業者は、2人以上の従業者による移動介助を必要とする理由や移動介助の方法及び期間について、介護支援専門員とサービス担当者会議等で慎重に検討し、その内容及び結果について通所介護・通所リハビリテーション計画に記載するとともに、移動介助者及び移動介助時の利用者の様子等について、記録しなければなりません。

根拠：留意事項通知（訪問通所サービス等）第2−7−⑵（通所介護）
留意事項通知（訪問通所サービス等）第2−8−㉕（通所リハビリテーション）

■ " あるある " のその①

・ 減算の対象にならない「歩行が困難で、かつ建物の構造上自力で通うことが困難な利用者」について、サービス担当者会議等で検討・協議した結果が確認できない。

### 改善・ワンランクアップのためのヒント

① ケアマネジャーは、同一建物減算に該当するかどうか理解したうえで、居宅サービス計画原案を作成し、サービス担当者会議において専門的な見地から意見を聴き、その内容及び協議結果を記載しておくことが大切です。

② 一方で、減算にはあたらないと思われる利用者であるにもかかわらず、同一建物減算を適用しているケースがあります。加算や減算については、より慎重に内容を確認し、適正な対応が求められます。

# 52

# 短期入所生活介護（介護報酬）
## 緊急短期入所受入加算

令和6年度
改正なし

緊急短期入所受入加算の算定にあたっては、あらかじめその必要性を検討してください

## わかったつもり…にしない運営基準

○緊急短期入所受入加算は、利用者の状態や家族等の事情により、居宅介護支援事業所の介護支援専門員が、緊急に短期入所生活介護を受けることが必要と認めた場合に算定できます。

○具体的には、介護を行う家族などが疾病にかかっていることその他やむを得ない理由により居宅で介護を受けることができない、かつ、居宅サービス計画においてその日に利用することが計画されていない利用者が対象になります。

○また、あらかじめ、担当する居宅介護支援事業所の介護支援専門員が緊急の必要性及び利用を認めていることが必要です。

> 根拠：厚生労働大臣が定める基準に適合する利用者等（厚生労働省告示第94号）第21号
> 留意事項通知（短期入所サービス等）第2−2−㉓

## 運営指導の"あるある"と改善・ワンランクアップのためのヒント

■ "あるある"のその①

・緊急短期入所受入加算を算定しているにもかかわらず、ケアマネジャーが緊急の必要性及び利用を認めている理由や根拠がわからない。

改善・ワンランクアップのためのヒント

> 仮に緊急利用の可能性が認められる場合には、ケアプランに位置づけて
> おくことも可能です。
> 例：奥様の体調をふまえて緊急での短期入所を検討します（第1表「総合
> 　　的な援助の方針」）。

## さらにワンランク上を目指すために

① 緊急短期入所受入加算の算定対象期間は原則として7日以内とされています。ただし、やむを得ない事情により、その期間に適切な方策が立てられない場合には、その状況を記録したうえで14日を限度に引き続き加算を算定することができます。

② 期間を延長する場合であっても、適切なアセスメントに基づいた代替手段の確保などについて十分に検討しなければなりません。機械的に続けることができるわけではありません。

③ 運営指導では、期間を延長する理由や代替手段の確保などについて議論・検討された経過が記録として残されていないケースがみられます。十分な議論・検討が行われていること、そのことが記録されていることが大切になります。

# 53

# 短期入所生活介護（介護報酬）
## 長期利用者に対する減算

令和6年度
改正

長期利用者に対する減算について、「同一事業所を長期間利用していること」は、居宅サービス計画を通じて確認します

> わかったつもり…にしない運営基準

○居宅に戻ることなく、自費利用を挟み同一事業所を連続 30 日を超えて利用している利用者に対して短期入所生活介護を提供する場合には、連続 30 日を超えた日から減算されます。「同一事業所を長期間利用していること」は、居宅サービス計画で確認することになっています。

○連続して 60 日を超えて同じ短期入所生活介護事業所に入所し（短期入所生活介護以外のサービスの提供を受けた場合を含む）、かつ、短期入所生活介護を受けている利用者については、介護老人福祉施設と同じ単位数になります。

表　要介護3の場合の単位数

| | 単独型 | 併設型 | 単独型ユニット型 | 併設型ユニット型 | |
|---|---|---|---|---|---|
| 基本報酬 | 787 単位 | 745 単位 | 891 単位 | 847 単位 | ⎫ − 30 単位 |
| 31 日〜60 日 | 757 単位 | 715 単位 | 861 単位 | 817 単位 | ⎬ |
| 61 日以降 | 732 単位 | 715 単位 | 815 単位 | 815 単位 | 介護老人福祉施設と同じ |
| 介護老人福祉施設 | 732 単位 | | 815 単位 | | |

根拠：厚生労働大臣が定める基準に適合する利用者等（厚生労働省告示第 94 号）第 22 号、第 22 号の2
留意事項通知（短期入所サービス等）第 2−2−⒄

○なお、同一の事業所から30日間連続して短期入所生活介護の提供を受け、その翌日1日、同事業所を自費で利用し、自費利用終了後、再び短期入所生活介護の提供を受けることとなった場合、自費利用終了後再び短期入所生活介護の提供を受けることとなった日から減算が適用されます。

> 根拠：「令和3年度介護報酬改定に関するQ&A（vol.3）（令和3年3月26日）」の送付について（令和3年3月26日事務連絡）問74

## 運営指導の"あるある"と改善・ワンランクアップのためのヒント

■ "あるある"のその①

・ 30日を超えて利用しているにもかかわらず、ケアプランに、その理由や支援方針（今後の方向性）が示されていない。

改善・ワンランクアップのためのヒント

> ① 30日を超えて短期入所が必要な理由を「総合的な援助の方針」欄でわかるようにします。
> ② かつ、今後の方向性についても明記していることが求められます。
> 例：ご家族の持病が悪化し毎日の通院が必要になったため、24時間の自宅でのサポートが十分にできない状況となりました。一方で、ご本人の食事量が減ってきていますので、食事の量と体重について確認させていただきます（第1表「総合的な援助の方針」）。

# 54

# 短期入所療養介護（介護報酬）

## 緊急短期入所受入加算

緊急短期入所受入加算の算定にあたっては、あらかじめその必要性を検討してください

---

### わかったつもり…にしない運営基準

○緊急短期入所受入加算は、利用者の状態や家族等の事情により、居宅介護支援事業所の介護支援専門員が、緊急に短期入所生活介護を受けることが必要と認めた場合に算定できます。

○具体的には、介護を行う家族などが疾病にかかっていることその他やむを得ない理由により居宅で介護を受けることができない、かつ、居宅サービス計画においてその日に利用することが計画されていない利用者が対象になります。

> 根拠：厚生労働大臣が定める基準に適合する利用者等（厚生労働省告示第94号）第25号
> 留意事項通知（短期入所サービス等）第2−3−⒂

---

### 運営指導の"あるある"と改善・ワンランクアップのためのヒント

■ "あるある"のその①

・緊急短期入所受入加算を算定しているにもかかわらず、ケアマネジャーが緊急の必要性及び利用を認めている理由や根拠がわからない。

　　改善・ワンランクアップのためのヒント

> 仮に緊急利用の可能性が認められる場合には、ケアプランに位置づけておくことも可能です。
> 例：奥様の体調をふまえて緊急での短期入所を検討します（第1表「総合的な援助の方針」）。

①　緊急短期入所受入加算の算定対象期間は原則として7日以内とされています。ただし、やむを得ない事情により、その期間に適切な方策が立てられない場合には、その状況を記録したうえで14日を限度に引き続き加算を算定することができます。

②　期間を延長する場合であっても、適切なアセスメントに基づいた代替手段の確保などについて十分に検討しなければなりません。機械的に続けることができるわけではありません。

③　運営指導では、期間を延長する理由や代替手段の確保などについて議論・検討された経過が記録として残されていないケースがみられます。十分な議論・検討が行われていること、そのことが記録されていることが大切になります。

# 55

# 福祉用具貸与（運営基準）
## 指定福祉用具貸与の具体的取り扱い方針・福祉用具貸与計画の作成

令和6年度
改正

福祉用具貸与の利用にあたっては、福祉用具専門相談員が作成した福祉用具貸与計画の交付を受けてください

> わかったつもり…にしない運営基準

○居宅サービス計画に福祉用具貸与が位置づけられる場合、介護支援専門員は居宅サービス計画に指定福祉用具貸与が必要な理由を記載しなければなりません。

○福祉用具専門相談員は、福祉用具貸与と特定福祉用具販売双方の対象になる福祉用具（対象福祉用具）については、福祉用具貸与または特定福祉用具販売のいずれかを利用者が選択できることを十分に説明するとともに、それぞれのメリットとデメリットといった、利用者が選択するために必要な情報を提供しなければなりません。

○提案にあたっては、医師、理学療法士、作業療法士、言語聴覚士、介護支援専門員、居宅サービス計画の原案に位置づけた居宅サービスの担当者などから聴取した意見、退院・退所時カンファレンスやサービス担当者会議などを通じた、多職種による協議の結果をふまえた、対象福祉用具の利用期間の見通しを勘案します。

○福祉用具専門相談員は、サービス担当者会議等を通じて、福祉用具の適切な選定のための助言及び情報提供を行うなどの必要な措置を講じるとともに、福祉用具貸与計画を作成した際は、福祉用具貸与計画を利用者及び利用者を担当する介護支援専門員に交付しなければならないとされています。

○福祉用具専門相談員は、福祉用具貸与計画に基づくサービス提供の開始時から6か月以内に少なくとも1回モニタリングを行い、その継続の必要性について検討します。福祉用具専門相談員は、モニタリングの結果を記録し、その記録を、居宅サービス計画を作成した居宅介護支援事業者に報告しなければなりません。

根拠：運営基準（居宅サービス等）第199条第2号、第8号、第199条の2第4項、第5項、第6項
解釈通知（居宅サービス等）第3－11－3－(3)－②、⑥、⑧

**表　選択制の対象福祉用具**

> 固定用スロープ
> 歩行器（固定式または交互式歩行器）
> 単点杖（カナディアン・クラッチ、ロフストランド・クラッチ、プラットホームクラッチ）
> 多点杖

根拠：介護保険の給付対象となる福祉用具及び住宅改修の取扱いについて（平成 12 年 1 月
　　　31 日老企第 34 号）

○対象福祉用具の提案にあたり、利用者が選択するために必要な情報について、次
　の表のとおり示されています。

> ・医師やリハビリテーション専門職などから聴取した、利用者の身体状況の変化の見通しに
> 　関する意見
> ・サービス担当者会議などにおいて行われた、多職種による協議の結果をふまえた生活環境
> 　などの変化や福祉用具の利用期間に関する見通し
> ・福祉用具貸与と特定福祉用具販売それぞれの利用者負担額の違い
> ・長期利用が見込まれる場合は特定福祉用具を利用するほうが利用者負担額を抑えられるこ
> 　と
> ・短期利用が見込まれる場合、福祉用具貸与であれば、適時適切な福祉用具に交換ができる
> 　こと
> ・国が示している福祉用具の平均的な利用月数

根拠：「「令和 6 年度介護報酬改定に関する Q&A（Vol.1）（令和 6 年 3 月 15 日）」の送付につ
　　　いて」（令和 6 年 3 月 15 日事務連絡）問 101

---

### 運営指導の "あるある" と改善・ワンランクアップのためのヒント

■ " あるある " のその①

・ケアプランに、福祉用具貸与を必要とする明らかな理由が位置づけられていない。

　　**改善・ワンランクアップのためのヒント**

> 利用者のニーズがケアプランにしっかりと位置づけられていれば、それ
> は必然的に福祉用具貸与が必要な理由につながるわけですが、ニーズの
> とらえ方が十分でなかったり、具体的でなかったりすると、福祉用具貸
> 与が必要な理由もあいまいで、くみ取りにくくなってしまいます。
> 福祉用具貸与が必要な場合は、ケアプランに、なぜ手すりが必要なのか、
> なぜ車いすを利用するのかを「生活全般の解決すべき課題（ニーズ）」「サー
> ビス内容」の欄を活用して明らかにします。

① ケアマネジャーに福祉用具貸与計画が交付されていない、または、福祉用具貸与計画をケアマネジャーが受け取っていないケースがみられます。これは、ケアプランとの連動性、整合性が確保されているかどうか、ケアマネジャーが確認していないということです。

② 福祉用具貸与の場合、個別サービス計画（福祉用具貸与計画）の交付はサービス事業者の義務です。ほかのサービスの場合は、個別サービス計画を「提供することに協力するよう努めるもの」とされ、福祉用具貸与と比較するとやや緩やかな取り扱いになっています。ケアマネジャーは、福祉用具貸与計画の交付が、事業者の義務として位置づけられていることをふまえて、その内容を確認することが大切になります。

③ 介護支援専門員は、ケアプランに福祉用具貸与及び特定福祉用具販売を位置づける場合、サービス担当者会議を開催し、ケアプランに福祉用具貸与及び特定福祉用具販売が必要な理由を記載しなければなりません。また、福祉用具貸与については、ケアプラン作成後必要に応じて随時、サービス担当者会議を開催し、利用者が継続して福祉用具貸与を受ける必要性について専門的意見を聴取するとともに検証し、継続して福祉用具貸与を受ける必要がある場合には、その理由を再びケアプランに記載しなければならないとされています。

④ 一方、福祉用具専門相談員には、サービス担当者会議等を通じて、福祉用具の適切な選定のための助言及び情報提供を行うなどの必要な措置を講じなければなりません。

# 56

# 特定福祉用具販売（運営基準）

## 指定特定福祉用具販売の具体的取り扱い方針・特定福祉用具販売計画の作成

福祉用具販売の利用にあたっては、福祉用具専門相談員から、サービス担当者会議等を通じて、福祉用具の適切な選定のための助言や情報提供を受けてください

> ### わかったつもり…にしない運営基準

○居宅サービス計画に特定福祉用具販売が位置づけられる場合、介護支援専門員は居宅サービス計画に特定福祉用具販売が必要な理由を記載しなければなりません。

○福祉用具専門相談員は、福祉用具貸与と特定福祉用具販売双方の対象になる福祉用具（対象福祉用具）については、福祉用具貸与または特定福祉用具販売のいずれかを利用者が選択できることを十分に説明するとともに、それぞれのメリットとデメリットといった、利用者が選択するために必要な情報を提供しなければなりません。

○提案にあたっては、医師、理学療法士、作業療法士、言語聴覚士、介護支援専門員、居宅サービス計画の原案に位置づけた居宅サービスの担当者などから聴取した意見、退院・退所時カンファレンスやサービス担当者会議などを通じた、多職種による協議の結果をふまえた、対象福祉用具の利用期間の見通しを勘案します。

○福祉用具専門相談員は、サービス担当者会議等を通じて、福祉用具の適切な選定のための助言及び情報提供を行うなどの必要な措置を講じなければならないとされています。

○また、福祉用具販売計画を作成した際は、特定福祉用具販売計画を利用者に交付しなければなりません。

> 根拠：運営基準（居宅サービス等）第214条第2号、第8号、第214条の2第4項
> 解釈通知（居宅サービス等）第3－12－3－(4)－②、④、⑥

## 運営指導の"あるある"と改善・ワンランクアップのためのヒント

■ "あるある" のその①

・ ケアプランに、福祉用具販売を必要とする明らかな理由が位置づけられていない。

改善・ワンランクアップのためのヒント

> まず、アセスメントに基づいていることが前提です。そのうえで、第2表「生活全般の解決すべき課題（ニーズ）」や「サービス内容」欄に、その必要性や支援内容がわかるように記載します。
>
> 例：夜間のトイレの使用は移動に心配があるが、自分でトイレに行きたい（第2表「生活全般の解決すべき課題（ニーズ）」）
>
> ポータブルトイレを購入し、自室でトイレをします（第2表「サービス内容」）

Part5

[ここまでおさえれば安心！]

# ケアプラン作成に
# まつわるルール

# 57

# 訪問介護（介護報酬）
## 緊急時訪問介護加算

緊急時訪問介護加算は、利用者・家族の要請に基づいて、介護支援専門員が認めた
うえで算定できます

---

> ### わかったつもり…にしない運営基準

○緊急時訪問介護加算は、利用者・家族の要請に基づき、介護支援専門員が認めた
うえで、訪問介護を緊急に行った場合に算定します。

○「緊急に行った場合」とは、居宅サービス計画に位置づけられていない訪問介護
（身体介護が中心のものに限る）を、利用者・家族等の要請を受けてから24時間以
内に行った場合をいいます。

○「居宅サービス計画に位置づけられていない」とは、訪問介護を提供した時間帯
が、あらかじめ居宅サービス計画に位置づけられたサービス提供の日時以外の時
間帯であることを指します。

○緊急時訪問介護加算は、サービス提供責任者が事前に介護支援専門員と連携し、
介護支援専門員が利用者またはその家族等から要請された日時・時間帯に訪問介
護を提供する必要があると判断した場合に算定します。なお、やむを得ない事由
によって、介護支援専門員と事前に連携することができず、緊急に訪問介護が行
われた後で、介護支援専門員が、訪問が必要であったと判断した場合は算定する
ことができます。

○加算の対象になる訪問介護の所要時間は、サービス提供責任者と介護支援専門員
が連携し、利用者・家族等から要請された内容をふまえ、訪問介護に要する標準
的な時間を、介護支援専門員が判断します。なお、介護支援専門員が、実際に行
われた訪問介護の内容を考慮して、所要時間を変更することができます。

> 根拠：留意事項通知（訪問通所サービス等）第2−2−⑳

① 緊急時訪問介護加算を算定できるのは、「身体介護中心型」の場合に限られています。にもかかわらず、「生活援助中心型」にあたるような場合に算定しているケースがあります。

② 緊急時訪問介護加算は、サービス提供責任者が事前にケアマネジャーと連携し、ケアマネジャーが必要であると判断した場合に算定します。「要請を受けてから24時間以内に行った場合」が加算の要件とされているのは、サービス担当者とケアマネジャーとが連携する時間を確保するためといえます。運営指導では、サービス担当者とケアマネジャーとが連携を図ろうとした経緯がみられない（ケアマネジャーに連絡をした事実がないなど）ケースがありますので、居宅介護支援経過やサービス担当者会議の要点等に事前の相談内容が分かるよう記載しておいてください。

③ 緊急時訪問介護加算は、「やむを得ない」理由があり、ケアマネジャーと事前に連携することができず、ケアマネジャーが、訪問が必要であったと判断した場合は算定することができますが、これを誤って、「事後報告」で構わないと理解しているケースがあります。本来であれば、利用者・家族等の要請をふまえ、「事前に」調整することが必要です。

# 訪問看護（介護報酬）
## 20分未満の訪問看護費の算定

20分未満の訪問看護は、緊急時訪問看護加算の届出を出している場合に算定できます

---

### わかったつもり…にしない運営基準

○居宅サービス計画または訪問看護計画に、20分未満の訪問看護だけを設定することはできません。20分以上の保健師または看護師による訪問看護を週1回以上含めることが必要です。

○なお、20分未満の訪問看護は、緊急時訪問看護加算の届出をしている場合に算定できます。

> 根拠：留意事項通知（訪問通所サービス等）第2－4－(3)

---

### さらにワンランク上を目指すために

① 緊急時訪問看護加算の届出をしている場合に、20分未満の訪問看護を算定できることをケアマネジャーが知らないケースが少なくありません。

② 訪問看護事業所の選択にあたっては、緊急時訪問看護加算の届出をしているかどうかといった視点も大切です。本来は必要のないサービスを提供することは、給付の適正化という点でも適当とはいえず、利用者にとっても"過度な"サービスとなってしまうおそれがあります。20分以上の訪問看護を必要とする可能性が高くない利用者の場合、緊急時訪問看護加算の届出をしている事業者を提案することで、過不足のないサービスの提供につながるといえます。

# 訪問看護（介護報酬）
## 准看護師の訪問が予定されている場合の准看護師以外による訪問看護

令和6年度改正なし

居宅サービス計画において准看護師の訪問が予定されていたにもかかわらず、看護師が訪問した場合は、所定単位数の100分の90を算定します

---

### わかったつもり…にしない運営基準

○居宅サービス計画において、准看護師の訪問が予定されている場合に准看護師以外の看護師等が訪問したときの取り扱いは次のとおりとされています。

① 居宅サービス計画上、准看護師が訪問することになっている場合

　┗ **事業所の事情**により（准看護師ではなく）保健師または看護師が訪問
　　　所定単位数に100分の90を乗じて得た単位数を算定する

　┗ **事業所の事情**により（准看護師ではなく）理学療法士、作業療法士または言語聴覚士が訪問
　　　理学療法士、作業療法士または言語聴覚士の場合の所定単位数を算定する

② 居宅サービス計画上、保健師または看護師が訪問することになっている場合

　┗ **事業所の事情**により（保健師または看護師ではなく）准看護師が訪問
　　　准看護師が訪問する場合の単位数（所定単位数の100分の90）を算定する

③ 居宅サービス計画上、理学療法士、作業療法士または言語聴覚士が訪問することになっている場合

　┗ **事業所の事情**により（理学療法士、作業療法士または言語聴覚士ではなく）准看護師が訪問
　　　理学療法士、作業療法士または言語聴覚士の場合の所定単位数を算定する

> 根拠：留意事項通知（訪問通所サービス等）第2−4−(8)

- 訪問する職種によって、基本報酬の算定の取り扱いが異なります。事業所とケアマネジャーとの間の情報の共有が十分でなく、どの職種が訪問するのか、事業所側がケアマネジャーに伝えていなかった、ケアマネジャー側も確認していなかったというケースがあります。実際には、准看護師が訪問していたにもかかわらず、看護師や保健師が訪問した場合と同様の基本報酬が算定されていたなどの場合がみられます。
- そのため、ケアプランの立案時（サービス依頼及び調整時）にあたり、職種の確認をしておきます。事業所からの報告を待つのではなく、あらかじめ確認する、訪問看護計画に訪問する専門職を明示するようはたらきかけるといったことが求められます。

# 60

# 通所介護（介護報酬）／短期入所生活介護（介護報酬）
## 生活機能向上連携加算

生活機能向上連携加算の算定にあたり、個別機能訓練計画に記載される目標は、介護支援専門員の意見もふまえて策定されます

---

### わかったつもり…にしない運営基準

○生活機能向上連携加算の算定にあたっては、個別機能訓練計画の作成が要件の1つとして求められています。

○個別機能訓練計画には、利用者ごとに目標、実施時間、実施方法などを記載しなければなりません。その目標は、利用者または家族の意向、利用者を担当する介護支援専門員の意見もふまえて策定されます。

> 根拠：留意事項通知（訪問通所サービス等）第2-7-⑿（通所介護）
> 留意事項通知（短期入所サービス等）第2-2-⑽（短期入所生活介護）

---

### さらにワンランク上を目指すために

・「個別機能訓練計画」における達成目標は、ケアマネジャーの意見をふまえて策定されます。その際の留意点をまとめると次のとおりです。

○ケアプラン

→ 「生活全般の解決すべき課題（ニーズ）」もしくは「サービス内容」の欄に、生活機能向上連携加算の算定理由及び支援内容をわかるように記載しておきます。

○通所介護計画・短期入所生活介護計画

→ 個別サービス計画の作成の際、ケアマネジャーの意見を事業所に伝えていること、または、ケアマネジャーが事業所から意見を求められていることが必要です。

○ケアプランと通所介護計画・短期入所生活介護計画の連動性と整合性の確認

→ ケアマネジャーの意見が反映された個別サービス計画になっているかどうか確認します。

・通所介護、短期入所生活介護ともに、生活機能向上連携加算を算定している場合に、通所介護事業者が作成した個別機能訓練計画と、短期入所生活介護事業者が作成した個別機能訓練計画との間に整合性がみられないといったケースがあります。

機能訓練に関する加算を算定している場合、支援の内容の違いはあっても、向かうべき方向性は一致している、または、整合性がとれていることが必要です。ケアマネジャーはケアプランを軸としつつ、加算にまつわる計画と計画との間の整合性と連動性を確認する必要があります。

**Plus α**

## あわせて確認したい…介護報酬

■ **生活機能向上連携加算と個別機能訓練加算の違い**

○生活機能向上連携加算

・生活機能向上連携加算は、訪問・通所リハビリテーション事業所やリハビリテーションを実施している医療提供施設（病院・診療所など）の理学療法士、作業療法士、言語聴覚士または医師の助言に基づいて、通所介護（短期入所生活介護）事業所の機能訓練指導員、看護職員、介護職員など（機能訓練指導員等）が、利用者の身体状況等の評価を行うとともに個別機能訓練計画をつくり、機能訓練指導員等が機能訓練を提供します。

○個別機能訓練加算

・個別機能訓練加算は、機能訓練指導員の職務にあたる理学療法士、作業療法士、言語聴覚士、看護職員など（理学療法士等）を１名以上配置したうえで、通所介護（短期入所生活介護）事業所の機能訓練指導員等が個別機能訓練計画を作成し、理学療法士等が機能訓練を行います。

○生活機能向上連携加算と個別機能訓練加算

・生活機能向上連携加算は、通所介護（短期入所生活介護）事業所が訪問・通所リハビリテーション事業所などと連携したうえで事業所の機能訓練指導員等が機能訓練を提供し、一方の個別機能訓練加算は、通所介護（短期入所生活介護）事業所が配置している理学療法士等が機能訓練を提供することが大きな違いです。

# 61

# 通所介護（介護報酬）
## 個別機能訓練加算

個別機能訓練の目標は、介護支援専門員などの意見もふまえつつ設定されます

### わかったつもり…にしない運営基準

○個別機能訓練加算の算定には、個別機能訓練計画の作成が必要です。

○個別機能訓練の目標は、機能訓練指導員等が利用者の居宅を訪問したうえで、利用者の居宅での生活状況を確認し、その結果や利用者・家族の意向及び介護支援専門員などの意見もふまえつつ設定されます。

○また、おおむね3か月ごとに1回以上、個別機能訓練の実施状況やその効果等について、利用者を担当する介護支援専門員等に適宜、報告・相談し、利用者等の意向を確認したうえで、利用者に対する個別機能訓練の効果（利用者のADL及びIADLの改善状況）等をふまえた目標の見直しや訓練項目の変更などが行われます。

根拠：留意事項通知（訪問通所サービス等）第2-7-(11)

### さらにワンランク上を目指すために

① 個別機能訓練の目標は、ケアマネジャーの意見をふまえて策定されます。目標の設定にあたり、ケアマネジャーの意見が求められていない、ケアマネジャーが意見を伝えていない（意見を伝えたことが記録として残っていない）、加算要件を把握していないケースがあります。

② また、個別機能訓練の実施状況やその効果等が、ケアマネジャー等に報告されていない、相談されていない、ケアマネジャーに対する報告・相談が加算の要件として定められていることをケアマネジャーが知らない場合がみられます。報告・相談の頻度については「適宜」とある一方、「おおむね3か月ごとに1回以上」とされていますから、3か月ごとに報告・相談があるべきでしょう。

③ 個別機能訓練の目標が、ケアプランに位置づけられた短期目標と連動していない、整合性がとれていないケースがあります。加算は、利用者が好みや希望で自

由に選べる"オプション"ではありません。ニーズを満たすための手段であるという視点で、事業者による報告・相談を求め、内容を確認して短期目標の達成に対してどの程度効果が上がっているのか、モニタリングという観点から考えることが大切です。

④　個別機能訓練計画は、ケアマネジャーに交付のうえ、利用者・家族に説明を行い、内容に同意を得た旨報告することとされています（「リハビリテーション・個別機能訓練、栄養、口腔の実施及び一体的取組について」（令和6年3月15日老高発0315第2号・老認発0315第2号・老老発0315第2号））。

**62**

# 短期入所生活介護（介護報酬）
## 個別機能訓練加算

個別機能訓練加算の算定にあたっては日常生活における生活機能の維持・向上に関する目標が設定されます。その目標は、介護支援専門員の意見もふまえて策定されます

---

### わかったつもり…にしない運営基準

○個別機能訓練加算は、個別機能訓練計画に基づき、短期入所生活介護事業所を計画的または期間を定めて利用する場合に算定します。

○個別機能訓練加算の算定にあたっては、機能訓練指導員等が利用者の居宅を訪問したうえで、利用者の居宅での生活状況を確認し、個別機能訓練計画を作成します。その後3か月ごとに1回以上、利用者の居宅を訪問し、利用者・家族に対して、個別機能訓練計画の内容や進捗状況等を説明し、訓練内容を見直すなどします。

○日常生活における生活機能の維持・向上に関する目標は、利用者・家族の意向及び介護支援専門員などの意見もふまえつつ設定されます。

○また、評価内容や目標の達成度合いについて、利用者を担当する介護支援専門員等に適宜、報告・相談し、必要に応じて利用者等の意向を確認したうえで、目標の見直しや訓練内容の変更などが行われます。

> 根拠：留意事項通知（短期入所サービス等）第2-2-⑿

---

### さらにワンランク上を目指すために

① 日常生活における生活機能の維持・向上に関する目標が、ケアプランに位置づけられた短期目標と連動していない、整合性がとれていないケースがあります。加算は、利用者が好みや希望で自由に選べる"オプション"ではありません。ニーズを満たすための手段であるという視点で、事業者による報告・相談を求め、支援内容や個別サービス計画を確認して、短期目標の達成に対する連動性と整合性を確認します。

② 日常生活における生活機能の維持・向上に関する目標は、ケアマネジャーの意

見をふまえて策定されます。目標の設定にあたり、ケアマネジャーの意見が求められていない、ケアマネジャーが意見を伝えていない（意見を伝えたことが記録として残っていない）、加算要件を把握していないケースがあります。

③　また、評価内容や目標の達成度合いが、ケアマネジャー等に報告されていない、相談されていない、ケアマネジャーに対する報告・相談が加算の要件として定められていることをケアマネジャーが知らない場合がみられます。報告・相談の頻度については「適宜」とある一方、事業者は個別機能訓練計画の作成後、「3か月ごとに1回以上、利用者の居宅を訪問し、利用者の居宅での生活状況を確認した上で」「訓練内容の見直し等を行う」とありますから、3か月ごとに報告・相談があることが望ましいといえるでしょう。

④　「リハビリテーション・個別機能訓練、栄養、口腔の実施及び一体的取組について」（令和6年3月15日老高発0315第2号・老認発0315第2号・老老発0315第2号）には、個別機能訓練加算の事務処理手順例及び様式例が紹介されています。ここでは、短期入所生活介護における個別機能訓練加算の取り扱いについて、短期入所生活介護における個別機能訓練加算と、通所介護等における個別機能訓練加算とは、加算算定の目的、人員配置要件等が異なっているものの、「加算算定にあたっての目標設定方法、個別機能訓練計画の作成、個別機能訓練の実施、個別機能訓練実施後の対応については一致する点も多いため、適宜参照されたい」とあります。

著者プロフィール

**阿部　充宏**（合同会社介護の未来代表）

社会福祉法人に25年勤務し、法人事業部長や特別養護老人ホームの施設長を経て、2015年に合同会社介護の未来を興し、以降、現職。2016年よりケアプラン点検事業を受託し、2024年度は17保険者（神奈川県・岩手県・福島県・山形県・静岡県・新潟県）約600人のケアプラン点検を実施。また、指定市町村事務受託法人として、5保険者から委託され、年間50事業所の運営指導（旧実地指導）を実施。そのほか、神奈川県の指定機関として介護支援専門員更新（法定）研修を実施（年間12回／受講者約1600人）。また、未来塾を主宰（登録者1400人強）し、セミナーや被災地活動（石巻市・女川町）にも取り組んでいるほか、保険者等からの依頼により年間100回以上の講演をこなす。

一般社団法人神奈川県介護支援専門員協会元理事長（現相談役）。

保有資格は、社会福祉士・介護福祉士・介護支援専門員。

主な著書として、『オリジナル様式から考えるケアマネジメント実践マニュアル（居宅編・施設編・介護予防編）』『施設ケアプラン事例集』『改訂 文例・事例でわかる 居宅ケアプランの書き方』『文例・事例でわかる 施設ケアプランの書き方』『ケアマネジャー試験ポイントまる覚えドリル2024』（以上、中央法規出版）。

そのほか、雑誌掲載等多数。

近著（2024年7月）として、『文例・事例でわかる 介護予防ケアプランの書き方』（中央法規出版）がある。

**介護の未来ホームページ**

http://kaigonomirai.net/
「阿部のつぶやき」毎日更新中！

# ケアプランパーフェクトガイド 第2版
## 令和6年度介護報酬改定対応版

2024 年 6 月 10 日　発行

| | |
|---|---|
| 著　者 | 阿部充宏 |
| 発行者 | 荘村明彦 |
| 発行所 | 中央法規出版株式会社 |
| | 〒 110-0016　東京都台東区台東 3 -29- 1 中央法規ビル |
| | Tel 03-6387-3196 |
| | https://www.chuohoki.co.jp/ |

| | |
|---|---|
| 装丁・本文デザイン | 加藤愛子（株式会社オフィスキントン） |
| 印刷・製本 | 日経印刷株式会社 |

定価はカバーに表示してあります。
ISBN 978-4-8243-0057-7

A057